CENTENAIRE DE NAPOLÉON

Palais des Tuileries, 1869.

» Il y a cent ans que Napoléon est né.

» Pendant cette longue période bien des ruines se sont
» accumulées, mais la grande figure de Napoléon est restée
» debout. C'est elle encore qui nous guide et nous protége;
» c'est elle qui, de rien, m'a fait ce que je suis.

» Célébrer cette date séculaire de la Naissance de l'Homme
» qui appelait la France la Grande Nation, parce qu'il avait
» développé en elle ces mâles vertus qui fondent les Empires,
» est pour moi un devoir sacré auquel le pays tout entier
» voudra s'associer......

» NAPOLÉON III »

Comme le dit l'Empereur, dans sa lettre au ministre d'Etat, un siècle
s'est écoulé depuis la Naissance de l'illustre Fondateur de la Dynastie
Napoléonienne. — J'ai choisi cette époque pour faire paraître

LE LIVRE D'OR DE LA MAISON BONAPARTE

accompagné de la **Médaille du Centenaire**. — Tous
ceux qui *aiment sincèrement l'Empereur* et qui *apprécient les bienfaits du
Gouvernement Impérial*, voudront posséder ce Livre et cette Médaille
qui rendent hommage à la mémoire du Grand Homme.

Cette souscription, *placée sous votre patronage*, vous est *tout particulièrement recommandée*. Les habitants de votre commune feront certainement bon accueil au **Livre d'Or de la Maison
Bonaparte** et à la MÉDAILLE DU CENTENAIRE.

(Tournez la page pour voir les Conditions de la Souscription)

CONDITIONS DE LA SOUSCRIPTION

Le **LIVRE D'OR DE LA MAISON BONAPARTE**, qui vient d'être publié, à l'occasion du **Centenaire de Napoléon I**[er], forme un intéressant volume de près de *400 Pages*. — La **MÉDAILLE DU CENTENAIRE** est gravée et frappée dans les grands ateliers de M. Duseaux, à Paris.

TOUS LES SOUSCRIPTEURS RECEVRONT **LE LIVRE ET LA MÉDAILLE** moyennant **Un Franc seulement** (et *10 centimes* pour le port).

Nota. — La liste de souscription doit être présentée à M. le Maire, à MM. les Adjoints, à M. le Curé, à MM. les Membres du Conseil municipal, à M. le Juge de paix, à MM. les Notaires, Percepteurs, Rentiers, à MM. les Cultivateurs et Commerçants.

Pour souscrire, *il suffit d'écrire son nom dans une des cases numérotées du bulletin de souscription.*

Lorsque vous aurez réuni le plus de Souscriptions possible, il faudra *mettre en tête du bulletin, votre nom, le nom de la commune, plier le bulletin, le cacheter et le jeter affranchi à la poste.* Vous aurez soin d'indiquer **la gare du chemin de fer où le paquet devra vous être adressé.** — Vous enverrez l'argent en *un mandat sur la poste.*

Nota. — Toute liste qui contiendra *moins de cinq souscriptions*, devra être PAYÉE D'AVANCE, attendu que nous ne pouvons ouvrir de comptes pour de si petites sommes.

POUR VOUS INDEMNISER de la peine que vous prendrez, vous recevrez :

Pour 6 souscriptions: 1 volume et 1 médaille gratuits en plus
Pour 12 souscriptions: 2 volumes et 2 médailles gratuits en plus
Pour 18 souscriptions: 3 volumes et 3 médailles gratuits en plus

Pour 25 Souscriptions :
1 Volume, 1 Médaille et 1 PISTOLET —
(Fabrique de Saint-Etienne)
Pour 50 Souscriptions :
1 Vol., 1 Médaille et 1 Paire de Pistolets
(Même Fabrique)
Ou **1 Jolie PIPE d'Écume de Mer.**

La Liste de Souscriptions n'ayant que 25 cases, vous pouvez faire souscrire sur une liste blanche que vous ajouterez.

Pour 100 Souscriptions vous pouvez choisir :
Soit **1 Pistolet REVOLVER Impérial** à 6 Coups
Soit **1 MONTRE d'Argent à Cylindre** Trous Rubis

Pour 200 Souscriptions, vous choisirez :
Soit **1 Beau FUSIL à 2 Coups** (Première Fabrique de Paris Canon de Saint-Etienne).
Soit **1 Jolie PENDULE Dorée, à Sonnerie**
(avec Socle et Globe, et marchant 15 jours.)

Pour 400 Souscriptions, vous choisirez :
1 Belle MONTRE d'Or, à Cylindre (8 Trous Rubis) soit *pour Homme,* soit *pour Dame.*

Tous ces articles sont **garantis par les Fabricants**

On est prié de bien indiquer l'Article qu'on choisira

OBSERVATION. — 1. Toute Liste de Souscription envoyée par un Fonctionnaire public devra porter le *Cachet de la Mairie;*
— 2. Toute personne n'indiquant pas *sa Profession* devra payer d'avance;
— 3. Les Souscriptions venant de CORSE ou d'ALGÉRIE doivent être payées d'avance.

CENTENAIRE DE NAPOLÉON

SOUSCRIPTION
PATRIOTIQUE

SOUSCRIPTION
NATIONALE

« Réveiller les grands souvenirs historiques, c'est ranimer la foi dans
» l'avenir; rendre hommage à la mémoire des Grands Hommes, c'est re-
» connaître une des plus éclatantes manifestations de la Volonté divine.

» NAPOLÉON III. »

LE LIVRE D'OR DE LA MAISON BONAPARTE & LA MÉDAILLE
du **Centenaire** ont été déposés au **Ministère de l'Intérieur**

BULLETIN DE SOUSCRIPTION DE LA COMMUNE DE _____

Bureau de poste d _____ Département d _____

adressé par M _____

le paquet devra être envoyé franco à la Gare d _____

Je soussigné, dans l'une des cases ci-dessous, déclare souscrire au **Livre d'Or de la Maison
Bonaparte** et à la **Médaille du Centenaire**, moyennant la somme de **1 franc**, plus 10
centimes pour le port.

N. 1	N. 2	N. 3	N. 4	N. 5
N. 6	N. 7	N. 8	N. 9	N. 10
N. 11	N. 12	N. 13	N. 14	N. 15
N. 16	N. 17	N. 18	N. 19	N. 20
N. 21	N. 22	N. 23	N. 24	N. 25

Si vous n'avez pas assez de cases on peut souscrire sur une feuille de papier blanc que l'on
ajoute à cette liste. — Envoyez cette liste *franco par la poste* à l'adresse indiquée au dos.

Paris. — Imp. A.-E. Rochette, 72-80, boulevard Montparnasse

AFFRANCHIR

— Vous reprendrez les 20 centimes quand vous nous enverrez l'argent —

Monsieur ALFRED DUQUESNE

Éditeur

16, rue Hautefeuille,

C. N.   PARIS.

Collez le
TIMBRE-POSTE
sur ce carré
s. v. p.

LE LIVRE D'OR

DE LA

MAISON BONAPARTE

Paris.—Typ. de Rouge frères, Dunon et Fresné
rue du Four-Saint-Germain, 43.

LE LIVRE D'OR

DE LA

MAISON BONAPARTE

PAR

Léon MARTIN

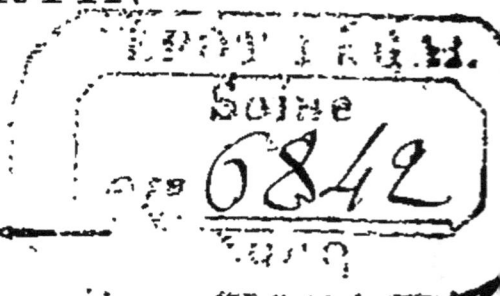

PARIS

ALFRED DUQUESNE; ÉDITEUR

16, RUE HAUTEFEUILLE, 16

—

1869

E LIVRE D'OR

DE LA

MAISON BONAPARTE

Le nom patronymique de la famille rénante est un des plus anciens de l'Europe ;
ls'écrit indifféremment *Bonaparte* ou *Buonaparte*. L'Empereur Napoléon Ier écrivait
Buonaparte dans sa jeunesse ; plus tard, il
abandonna l'orthographe italienne pour signer *Bonaparte*, qui sonne mieux à des
oreilles françaises.

Dès le douzième siècle, la famille Bonaparte appartient à l'histoire ; les *Nobiliaires* et les *Livres d'or* des grandes cités italiennes attestent le rôle important joué par plusieurs de ses membres, et l'on retrouve leurs armes gravées sur les palais et les monuments de cette époque : ces armes présentent une particularité qui mérite d'être notée : elles consistent en un rateau entouré de fleurs de lis d'or.

La fortune rapide et éblouissante de Napoléon Ier attira sur lui l'attention de tous les généalogistes de l'Europe. Césaris a établi en 1800, les alliances de la famille Bonaparte avec la maison d'Est, qui a donné plusieurs impératrices à l'Autriche, et est considérée comme la tige de la maison qui règne actuellement sur la Grande-Bretagne. Un autre historien va plus loin encore; il prétend faire descendre Napoléon des Comnène, empereurs grecs de Constantinople. Enfin, Nicolas Stephanopoli, dans son *Histoire de la Corse*, a émis l'opinion que les premiers Bonaparte appartiendraient à ces familles de Maïnottes, qui vinrent de Grèce pour fonder en Corse une colonie : cette opinion, confirmée depuis par MM. Jules Pautet et Alfred Marey-

Monge, est appuyée de documents sérieux, et le noble profil de Napoléon semble attester, par la pureté de ses lignes, l'origine grecque que l'on donne à sa famille.

Nous ne pouvons passer sous silence une autre version qui a, tout au moins, le mérite de la singularité ; ne s'est-on pas imaginé, plus récemment, de faire descendre l'Empereur... des Bourbons ! Le célèbre *homme au masque de fer* serait le trait d'union entre les deux dynasties, et voici comment. Il nous faut voir d'abord dans l'*homme au masque de fer* un frère jumeau de Louis XIV; c'est l'avis d'Alexandre Dumas, mais on peut contester la compétence du célèbre romancier. Admettons cependant que cette hypothèse soit vraie : pendant sa captivité au fort Sainte-Marguerite, l'homme masqué ayant épousé la fille du gouverneur de la prison, M. de Boupart, les enfants, nés de cette union, auraient été conduits clandestinement en Corse, sous le nom de leur mère qui, en s'italianisant, serait devenu *Buonaparte*.

Quelque chose de plus sérieux, c'est la découverte faite par George Sand et con-

signée dans son livre *Un Hiver à Majorque.*
D'après l'illustre écrivain, un armorial manuscrit, faisant partie de la bibliothèque
du comte de Montenegro, établirait clairement que les Bonaparte descendent d'une
famille languedocienne, transplantée en Espagne; en 1411, un Hugo Bonaparte, né à
Mayorque, aurait été nommé gouverneur
de la Corse, au nom du roi Martin d'Aragon, et sa famille se serait définitivement
établie dans l'île. « Qui sait, ajoute George
Sand, l'importance que ces légers indices,
découverts quelques années plus tôt, auraient pu acquérir, s'ils avaient servi à démontrer à Napoléon, qui tenait tant à être
Français, que sa famille était originaire
de France? »

Quoi qu'il en soit de toutes ces opinions
contradictoires, ce qui ne fait de doute pour
personne, c'est l'ancienneté et la noblesse
de la maison de Bonaparte, comme aussi sa
déchéance au moment où naquit l'illustre
chef de la dynastie régnante. Napoléon l'a
dit lui-même à Sainte-Hélène : « Mes succès, une fois établis en Italie, firent rechercher partout les circonstances de notre fa-

mille, depuis longtemps tombée dans l'obscurité. » Ce grand homme attachait, du reste, une médiocre importance au privilége de la naissance, et se riait volontiers des efforts des généalogistes complaisants qui s'évertuaient à lui trouver une souche princière : « On a mis, écrit-il au *Moniteur* du 26 messidor an XIII (14 juillet 1805), on a mis dans les journaux une généalogie aussi ridicule que plate de la maison Bonaparte. Ces recherches sont bien puériles. A tous ceux qui demanderaient de quel temps date la maison Bonaparte, la réponse est bien facile : *Elle date du 18 brumaire*. Comment, dans le siècle où nous sommes, peut-on être assez ridicule pour amuser le public de pareilles balivernes ? »

L'empereur d'Autriche ne partageait pas cette sage manière de voir : « Je ne lui donnerais pas ma fille, disait-il, si je n'étais convaincu que sa famille est aussi noble que la mienne. » A quoi Napoléon répondit en souriant : « Qu'il n'attachait pas le moindre prix à ces choses-là ; qu'au contraire, il tenait à être le Rodolphe de Habsbourg de sa race. »

Il est certain que la grande figure du vainqueur de Marengo laisse bien loin dans l'ombre tous les personnages qui avaient illustré son nom avant qu'il ne lui eût conquis une renommée universelle. Plus que personne au monde, Napoléon pouvait s'appliquer ce vers de Corneille :

Qui sert bien son pays n'a pas besoin d'aïeux.

Néanmoins, il est du devoir de l'écrivain de rechercher l'origine de ses héros, et de dire sincèrement ce qu'elle fut, illustre ou obscure. La recherche n'est pas toujours facile, comme nous l'avons vu : les nations sont jalouses de leurs grands hommes, et, de tout temps, on les vit revendiquer une paternité souvent douteuse. L'histoire ne nous a-t-elle pas transmis la querelle des villes grecques se disputant l'honneur d'avoir vu naître Homère ?

Nous ne nous occuperons pas plus longuement des ancêtres du fondateur de la dynastie napoléonienne. Au dix-huitième siècle, la famille Bonaparte n'était plus représentée que par deux descendants mâles, en Corse, *Charles-Marie* Bonaparte, père de l'Empereur, et *Lucien* Bonaparte, son grand-oncle. Nous allons parler de ces deux personnages et de *Madame Mère, Lætitia* Bonaparte, qui appartiennent à l'histoire, autant par leurs vertus propres que pour avoir immédiatement précédé le plus grand génie dont s'honore l'histoire.

CHARLES-MARIE BONAPARTE

Le père de Napoléon Ier naquit à Ajaccio le 29 mars 1746. C'était un homme de belle stature, de manières distinguées, et qui plaisait autant par l'aménité de son caractère que par le charme de sa personne. Se destinant à la magistrature, il vint étudier les lois dans les grandes villes d'Italie ; puis il rentra dans sa patrie, où il ne tarda pas à épouser la belle Lætitia Ramolino, malgré l'opposition de sa famille.

En 1779, Charles Bonaparte fut nommé par la noblesse de Corse président d'une députation que l'on envoyait à Paris ; il emmena avec lui Napoléon Bonaparte, son fils cadet, alors âgé de dix ans, et sa fille Elisa. Les députés avaient reçu mission de passer par Florence; le grand-duc Léopold leur fit le plus gracieux accueil, et remit au jeune président une lettre de recommandation pour la reine de France, Marie-Antoinette, sa sœur.

Pendant son séjour à Paris, Charles-Bonaparte fut prié par le ministère de donner son avis sur le différend survenu entre MM. de Marbeuf et de Narbonne, les deux officiers généraux placés à la tête du gouvernement de la Corse. Il n'hésita pas à se prononcer du côté où se trouvaient le droit et la justice, convainquit ceux qui l'écoutaient et M. de Marbeuf rentra en faveur, malgré l'appui que M. de Narbonne avait à la cour. Le vénérable gouverneur de la Corse n'oublia pas ce service, et il devint de ce jour l'ami dévoué de la famille Bonaparte.

Charles Bonaparte était atteint d'une maladie qui ne pardonne pas : un cancer à l'estomac; après avoir paru revenir à la santé, lors d'un voyage qu'il fit à Paris, il dut s'arrêter, au retour, à Montpellier et mourut dans cette ville, où il fut enterré dans un couvent (1785). Il laissait huit enfants :

Joseph, qui devait être roi de Naples, et plus tard d'Espagne.

Napoléon, Empereur des Français ;

Lucien, prince de Canino ;

Marie-Anne, appelée dans la suite *Elisa*, princesse de Lucques et de Piombino, épouse du prince Bacciochi ;

Louis, roi de Hollande, père de l'Empereur Napoléon III ;

Charlotte-Marie-Pauline, princesse Borghèse ;

Annonciate-Caroline, épouse de Murat, roi de Naples ;

Jérôme, roi de Westphalie.

Charles-Marie Bonaparte repose à Saint-Leu, dans la vallée de Montmorency, où un monument lui est consacré. Sous le Consulat, les notables de Montpellier ayant manifesté l'intention d'élever un monument au père du héros de l'Italie, Napoléon Bonaparte les remercia gracieusement et leur fit cette réponse : «Ne troublons pas le repos des morts. J'ai perdu aussi mon grand-père et mon arrière-grand père ; pourquoi ne ferait-on rien pour eux ? Voyez ! ce que vous me proposez mène loin. Si c'était hier que j'eusse perdu mon père, je serais fort reconnaissant que l'on voulût bien accompagner mon deuil de quelques hautes marques d'intérêt; mais un événement qui date de vingt ans est fini et étranger à la France.» Plus tard, l'Empereur se rendit aux instances de son frère Louis, et les restes de Charles-Bonaparte furent transportés au lieu où ils reposent aujourd'hui.

LUCIEN BONAPARTE

L'archidiacre Lucien est une des plus nobles figures de la famille Bonaparte. Son nom est resté légendaire en Corse ; pour les pauvres il est synonyme de piété, charité et douceur. Napoléon Ier aimait beaucoup son grand-oncle ; ce fut pour lui un second père et il pleura amèrement sa perte.

Lucien était *archidiacre d'Ajaccio*, c'est dire qu'il occupait une des plus hautes dignités de la Corse. Il fut le conseiller et le premier éducateur de la nombreuse famille de Charles-Marie, en même temps qu'il combattit de son mieux la pauvreté de cette maison, que les guerres civiles avaient fait déchoir de son antique splendeur. Le vénérable prêtre veilla toute sa vie à ce que les habitudes de luxe et les grandes dépenses de son neveu ne compromissent pas l'avenir des êtres qui lui étaient si chers ; il parvint même par une sage administration à rétablir les affaires de la famille et à lui donner une existence en rapport avec le grand nom qu'elle portait.

La renommée de l'archidiacre Lucien s'étendait aux moindres villages de l'île ; les paysans venaient consulter ses lumières, et, dans leurs différends, ils s'en remettaient à la décision de cet homme qui personnifiait en lui la justice.

Lucien semble avoir pressenti la gloire de Napoléon ; sur le point de mourir, il rassembla autour de lui ses petits-neveux, et prononça ces paroles mémorables : «Joseph, tu es l'aîné de la famille ; mais souviens-toi toujours que Napoléon en est le chef.»

L'avenir devait complétement donner raison à ce jugement du digne ecclésiastique.

LÆTITIA BONAPARTE

Madame-Mère descendait de la famille patricienne des Ramolino; elle naquit à Ajaccio le 24 août 1750. Remarquable autant par sa beauté que par l'élévation et la solidité de son esprit, Lætitia Ramolino avait à peine dix-sept ans quand elle épousa Charles-Marie Bonaparte. Femme intrépide et animée d'un patriotisme ardent, elle tint à partager aux côtés de son mari tous les dangers de la guerre de l'indépendance. Un seul fait nous suffira pour dépeindre le caractère héroïque de la mère de l'Empereur.

« Un jour, raconte l'historien de *Napoléon et sa famille*, Lætitia, entraînée par le courant au passage de Liamone, faillit périr avec l'enfant à la mamelle qu'elle portait dans ses bras (Joseph Bonaparte) et celui qu'elle portait dans son sein, sous les yeux de ses compagnons et de son mari lui-même. Son cheval, à ce gué perfide, avait perdu pied et se débattait sur l'abîme. On lui cria de se détacher de sa selle et de se laisser aller dans la rivière ; en même temps, des deux rives, on se jetait à la nage pour venir à son secours. Mais cette manœuvre qui la sauvait, pouvait perdre le frêle nourrisson qu'elle serrait contre son sein. Décidée à vivre ou à mourir avec lui, l'intrépide femme aima mieux tout risquer : elle se raffermit sur sa selle et lutta à la fois contre le courant et la frayeur de sa monture affolée. Du seul bras qui lui demeurait libre, l'autre étant consacré à son enfant, elle manœuvra si bien, elle encouragea si bien du geste et de la voix la pauvre bête, que celle-ci, comme électrisée par une sorte d'inspiration et comme si elle eût compris qu'elle portait César et sa fortune, rompit le courant, échappa au gouffre, reprit pied et porta enfin à la rive sa courageuse conductrice, au bruit des applaudissements des témoins de son sang-froid et de son bonheur. »

Quelques mois après la Corse était pacifiée ; les deux époux rentraient à Ajaccio, et madame Lætitia donnait le jour au second de ses fils ; le 15 août 1769, jour de l'Assomption, celui qui devait conquérir le monde naissait à la lumière.

La famille ne tarda pas à s'accroître de nouveaux membres. Quand Charles Bonaparte mourut, il laissait sa veuve à peu près sans fortune et à la tête de huit enfants, dont nous connaissons déjà les noms. Grâce au dévouement de l'archidiacre Lucien et à la bienveillante protection de M. de Marbeuf, gouverneur de la Corse, madame Bonaparte vint à bout de toutes les difficultés ; elle se montra aussi économe que son mari avait été prodigue. Comprenant à merveille le rôle que la nature et le devoir lui avaient tracé, sans cesser d'être une mère pleine de tendresse, elle éleva ses enfants avec sévérité. Comment, avec des ressources pécuniaires limitées, seule, sans autre appui immédiat que celui d'un prêtre avancé en âge, eût-elle pu accomplir une aussi lourde tâche ? La fermeté de son caractère et son inflexibilité en matière de discipline se trouvent attestés par Napoléon lui-même dans ce passage de ses *Mémoires*, qui donne en même temps une assez juste idée du narrateur lui-même : « Mon enfance n'a rien de remarquable ; je n'étais qu'un enfant curieux et obstiné. Rien ne m'imposait, ne me déconcertait ; j'étais querelleur, mutin ; je ne craignais personne, je battais l'un, j'égratignais l'autre, je me rendais redoutable à tous. Mon frère Joseph était battu, mordu, et j'avais déjà porté plainte contre lui, quand il commençait à s'y reconnaître. Bien m'en prenait d'être alerte ; maman Lætitia eût réprimé mon ardeur belliqueuse ; elle n'eût pas souffert mes algarades. »

En 1793, les Anglais s'emparèrent momentanément de la Corse. Madame Bonaparte, qui appartenait au parti français, dut quitter son pays natal ; elle se réfugia à Marseille avec son fils Lucien et ses trois filles, Elisa, Pauline et Caroline. Son existence dans cette ville fut celle des proscrits. Bien que ses autres enfants lui prétassent le plus d'aide possible, elle endura de cruelles privations; qu'elle subit avec cette fermeté d'âme dont elle avait donné tant de preuves. Dès que commença à se dessiner la fortune de son second fils, la situation s'améliora, grâce à la piété filiale du jeune officier. Néanmoins, madame Lætitia continua à résider dans la cité phocéenne; ce n'est qu'après le 18 brumaire qu'elle consentit à venir habiter Paris. Dans cette ville, la mère du premier magistrat de la république se fit remarquer par la simplicité et l'austérité de sa vie, exemple d'autant plus remarquable d'abnégation que les puissants d'alors se livraient sans honte aux plus scandaleuses déprédations du trésor public !

Après 1804, quand le premier Consul eut revêtu le manteau impérial, Madame-Mère se vit forcée de sortir de sa réserve habituelle. L'Empereur Napoléon voulut constituer une maison souveraine à celle qui lui avait donné le jour; le comte de Cossé-Brissac devint son premier chambellan, et M. Decazes son secrétaire des commandements. Mais, honneur bien plus précieux que tous les autres et plus cher à ce cœur d'élite, madame Lætitia devint protectrice générale des établissements de charité.

Telle nous voyons aujourd'hui l'auguste épouse du chef de l'Etat revendiquer à son tour cette noble tâche et l'accomplir avec un dévouement et une charité qui défient tout éloge.

Quelle singulière perversion de l'esprit empêche certains hommes de distinguer la vertu qui se dérobe sous de modestes dehors ? Il s'est rencontré des écrivains qui ont eu le triste courage de calomnier Madame-Mère ; sous leur plume, la simplicité, le dédain du faste et de l'apparat se sont transformés en parcimonie, en avarice, indigne de la mère du premier souverain de l'Europe ! De ce qu'elle ne se montra pas éblouie de la gloire qui rejaillissait sur sa famille, de ce qu'elle vécut dans une retraite pleine de grandeur, tout entière à ses enfants et aux pauvres, qui se partageaient son noble cœur, on s'est cru autorisé à lui déverser le blâme, les critiques les plus acerbes ! Le peuple, que l'on trompe difficilement, quoi qu'on en dise, a fait justice de ces calomnies enfantées par la haine et l'envie ; il n'a pas vu de taches à ce soleil de la bienfaisance et de l'amour maternel, et lui a voué un véritable culte de respect et de pieuse affection.

Après la chute de l'Empire, Madame-Mère, le cœur rongé par la douleur, se retira dans la capitale du monde chrétien. Ses goûts de retraite et de solitude prirent une nouvelle force ; elle put alors s'y livrer en toute liberté, sans qu'il prît à personne l'idée de le trouver étrange.

Passent l'été dans sa villa d'Albano, l'hiver à Rome, elle vécut paisiblement, heureuse, dans sa douleur, d'être délivrée du pénible cortége des courtisans : tous avaient fui avec la fortune ; tous étaient allés déposer leurs faux hommages aux pieds de ceux qui pouvaient désormais leur dispenser des faveurs nouvelles.

Madame-Mère puisa de grandes consolations dans la société de son beau-frère, le cardinal Fesch ; ce pieux prélat l'aida à continuer les œuvres de bienfaisance qui avaient fait l'orgueil et le bonheur de sa vie.

En 1830, elle eut le malheur de se fracturer la jambe; l'auguste blessée avait alors quatre-vingts ans ; la consolidation ne put se faire à cause de cet âge avancé, Madame se vit condamnée à garder la chambre. Six ans après, le 2 février 1836, Lætitia Bonaparte s'éteignait doucement, emportant comme consolation suprême la conviction que des jours meilleurs allaient luire pour sa famille.

La plus grande partie de sa fortune revint aux pauvres.

NAPOLÉON BONAPARTE

EMPEREUR DES FRANÇAIS

I

L'homme qui devait étonner e monde par l'éclat de sa gloire et de sa grandeur, naquit à Ajaccio, le 15 août 1769. Fils cadet de Charles-Marie Bonaparte et de Lætitia Ramolino, il fut baptisé sous le nom de Napoléon, que l'on donnait depuis plusieurs générations au cadet de la famille Bonaparte. Quand il vint au monde, la Corse était encore tout enfiévrée des luttes de la guerre de l'indépendance ; deux mois s'étaient à peine écoulés depuis que l'héroïque pays avait posé les armes et accepté la domination française.

L'enfance de Napoléon ne fut marquée d'aucun événement remarquable, comme il l'a lui-même raconté dans ses *Mémoires;* elle s'écoula paisible au sein d'une famille nombreuse de frères et de sœurs, que madame Lætitia élevait avec une austérité tempérée par l'affection et les soins les plus tendres. L'enfant mûrit de bonne heure. Curieux et enclin à la méditation, c'est à peine s'il connut les joies de son âge ; il se faisait remarquer déjà par les qualités qui le distinguèrent toute sa vie : l'énergie, une vivacité extraordinaire et une sensibilité exquise ; chez lui, le développement de la pensée sembla se faire au détriment du corps ; sous une enveloppe chétive, il abritait une âme ardente, un esprit infatigable.

Le gouverneur de la Corse, M. le comte de Marbeuf, n'oublia pas les services que Charles-Marie Bonaparte lui avait rendus. Grâce à l'influence de cet excellent homme, le jeune Napoléon obtint d'entrer à l'Ecole militaire de Brienne, avec une bourse entière : il avait dix ans à peine.

L'élève se fit bientôt remarquer entre tous les autres. Enclin à la solitude, non pas qu'il manquât du goût de sociabilité, mais pour satisfaire librement son esprit méditatif, il montra une aptitude extraordinaire pour les mathématiques et l'histoire; les connaissances purement littéraires lui souriaient moins, et il se laissait distancer par ses camarades. De cette époque date son admiration pour Plutarque, et la *Vie des hommes illustres* devint son livre de prédilection, son *Bréviaire*, suivant sa propre expression.

Les professeurs de l'école de Brienne pressentirent de bonne heure les hautes destinées de Napoléon ; l'un d'eux, appelé Léguile, signalant dans une note au directeur la force de caractère et l'opiniâtreté au travail du jeune Bonaparte, ajouta ces mots : « Corse de nation et de caractère, il ira loin, si les circonstances le favorisent. » Le professeur Léguile ne croyait certainement pas si bien dire.

Napoléon a dépassé toutes les prévisions, et l'on peut avancer que, s'il sut profiter des circonstances, il eut le plus rare talent de les faire naître.

De l'école militaire de Brienne, Napoléon Bonaparte passe, en 1784, à celle de Paris; un an plus tard, il subissait brillamment des examens qui le faisaient nommer lieutenant en second d'artillerie. Une partie de son régiment était détachée à Valence; c'est là que le jeune officier alla tenir sa première garnison. Libre désormais, il consacra presque tout son temps à l'étude. La tentation lui prit d'écrire, et il débuta par plusieurs pièces littéraires, qui dénotent déjà cette fermeté et cette concision de style qui ont fait de lui le premier écrivain militaire que l'on connaisse. Une *Histoire de la Corse*, à peine ébauchée, lui valut les encouragements de l'abbé Raynal et de Mirabeau lui-même; enfin, en 1786, il remportait le prix sur cette question mise au concours par l'Académie de Lyon : « Quels sont les principes qu'il faut inculquer aux hommes pour les rendre aussi heureux que possible? »

Napoléon avait vingt ans quand se firent sentir les premières secousses de la Révolution ; le jeune homme embrassa avec ardeur les idées nouvelles. Deux ans plus tard, des troubles suscités par l'Angleterre ayant éclaté en Corse, il obtint un congé et vint dans sa patrie prêter le concours de son épée à ceux qui représentaient le parti français. C'est là qu'il reçut sa nomination au grade de capitaine en second ; le nouveau capitaine passait à l'ancienneté. De retour à Paris, ayant vu de ses yeux les sanglantes exécutions de septembre, il déplora amèrement les excès qui compromettaient la noble cause de la liberté. Bientôt il lui fallut revenir précipitamment à Ajaccio pour protéger sa famille, à laquelle on faisait un crime de sa fidélité à la France. Napoléon repoussa avec indignation la proposition qu'on lui fit de servir dans les rangs des ennemis de la mère-patrie ; Français avant comme après la défaite, il se retira avec toute sa famille devant l'insurrection victorieuse. Après avoir mis les siens en sûreté à Marseille, il alla rejoindre son régiment à Nice.

A cette époque, la réaction légitimiste menaçait d'engloutir la Révolution; les provinces du Midi étaient fortement remuées, et ce fut une grande audace de la part du jeune officier de publier une brochure : le *Souper de Beaucaire*, où il dévoile les manœuvres royalistes, et enseigne le moyen de les combattre victorieusement. Ses prévisions n'étaient que trop fondées : bientôt la trahison livrait Toulon à une flotte anglo-espagnole.

L'énergie du Comité de Salut public fut à la hauteur du péril ; des représentants furent envoyés dans le Midi pour organiser une armée, qui pût entreprendre le siége de la ville surprise par l'ennemi. Le *Souper de Beaucaire* avait attiré l'attention sur Bonaparte. Celui qui avait prévu le danger fut naturellement désigné pour aller le combattre. Promu au grade de chef de bataillon, Napoléon reçut le commandement de l'artillerie, qui devait faire le siége de la place.

Le jeune officier ne put tout d'abord mettre à exécution les projets qu'il avait formés; son génie naissant faillit être étouffé sous l'incapacité absolue du général

Carteaux, son chef direct; fort heureusement la Convention. qui n'admettait pas
que la victoire se fît attendre, nomma Dugommier commandant suprême. Bonaparte
fut compris ; il put mettre à exécution son
plan d'attaque, et bientôt les troupes républicaines entrèrent, victorieuses, dans la
ville de Toulon.

Ce succès était d'autant plus éclatant que
Napoléon eut à lutter, pour l'obtenir, contre les représentants du peuple, délégués
de l'autorité centrale ; animés, du reste,
des meilleures intentions, ceux-ci avaient
le tort de se croire toute science infuse.
L'officier d'artillerie sut mettre chacun à
sa place. Un jour que l'un des commissaires critiquait devant lui le placement d'une
batterie : « Mêlez-vous de votre métier de
représentant, lui répondit brusquement
Napoléon, et laissez-moi faire le mien.
Cette batterie restera où elle se trouve, et
je réponds du succès sur ma tête ! »

L'événement lui donna pleine raison; il
faut reconnaître que le général en chef et
les commissaires de la République, loin
d'en concevoir une jalousie mesquine, fi-

rent à l'envi l'éloge de celui à qui revenait l'honneur de la victoire. : « Donnez-lui de l'avancement, écrivit Dugommier au Comité de Salut public, car si vous vous montrez ingrats envers lui, il est homme à s'avancer tout seul. »

Malgré ces chaudes recommandations et l'importance énorme de la victoire, on attendit deux mois avant de conférer au vainqueur le grade de général de brigade. Mais peu importait ce manque d'empressement à faire justice; Bonaparte était désormais sorti de la foule ; son nom brillait déjà d'un éclat ineffaçable, et l'attention du gouvernement était forcément concentrée sur l'homme capable de rendre à la patrie des services aussi importants.

Après la prise de Toulon, Napoléon fut chargé d'aller mettre en état de défense les côtes de la Provence ; ce qu'il fit en peu de jours avec une habileté extraordinaire. En récompense de ces nouveaux services, on lui confia le commandement en chef de l'artillerie de l'armée d'Italie, dont le quartier général était à Nice.

Sur ces entrefaites survint la chute terrible de la Convention ; la Terreur voyait son dernier jour au 9 thermidor. Napoléon faillit être entraîné dans la tourmente ; peu s'en fallut que le vainqueur de Toulon ne pérît misérablement à l'aurore de sa gloire ; son crime était d'avoir eu des relations amicales avec plusieurs des membres du pouvoir qui venait de disparaître. Appelé à Paris pour se justifier, il allait y être conduit, c'est-à-dire affronter une mort presque certaine ; le souvenir des services rendus et plus encore l'espoir de ceux qu'il pouvait rendre furent éloquemment mis en avant par les hommes mêmes qui l'avaient mis en état d'"arrestation, et le général dut à leur intervention de recouvrer sa liberté après quinze jours de détention.

Réintégré dans son poste, il signala sa rentrée par de nouvelles victoires, la prise d'Oneille, celle du col de Tende et le combat del Cairo. Mais la haine d'un seul homme suffit à l'arrêter dans son essor ; un transfuge de la Montagne, l'incapable Aubry, mis à la tête des affaires militaires, se hâta de lui enlever son commandement ; n'osant le destituer, il lui offrit un poste dérisoire, une brigade dans l'armée de Vendée. Napoléon, qui avait si vaillamment combattu les ennemis du dehors, éprouva une invincible répugnance à jeter son épée dans la guerre civile: plutôt que d'obéir, il préféra donner sa démission. Aubry n'espérait pas autre chose; aussi ne fit-il aucune difficulté pour l'accepter.

Napoléon vint alors habiter Paris, accompagné de ses deux aides de camp, Sébastiani et Junot, que l'amitié, autant que le devoir, attachait à sa personne. Dans cette retraite forcée, l'imagination du jeune général put caresser librement les grandioses projets enfantés par son génie.

L'inactivité du vainqueur de Toulon ne devait pas rester longtemps inaperçue; les revers éprouvés par Kellermann, à l'armée du Rhin, amenèrent la destitution d'Aubry et son remplacement à la direction des affaires militaires par un homme qui n'avait ni les mêmes préventions, ni les mêmes haines. La nomination de Doulcet de Pontécoulant fut bientôt suivie de la rentrée de Bonaparte au service actif. Frappé de la grandeur des projets de l'officier d'artille-

-rie, le nouveau directeur se hâta de le faire participer aux travaux du comité topographique qui, de Paris, dirigeait les mouvements des armées républicaines.

On peut dire que Napoléon dut sa brillante fortune aux efforts tentés à différentes reprises par la contre-révolution pour anéantir la liberté. La réaction royaliste lui avait déjà préparé la victoire de Toulon; elle lui fournit l'occasion d'un nouveau succès, le 13 vendémiaire (5 octobre 1795).

Menacée dans son existence par les différentes sections en armes qui mettaient constamment son pouvoir en échec, la Convention résolut d'en finir une bonne fois. Elle réunit à Paris toutes les troupes disponibles, confia le commandement suprême à Menou, et lui intima l'ordre d'aller désarmer la section Lepelletier, qui se faisait remarquer entre toutes par son zèle antirévolutionnaire. Le général s'acquitta si mal de cette mission, qu'il fallut songer à le remplacer par un homme plus énergique et plus dévoué à la cause républicaine. La Convention choisit un de ses membres, Barras, qui accepta à la condi-

tion qu'on lui adjoignît le général Bonaparte, dont il avait su apprécier la valeur
et les hautes capacités.

Bonaparte, par ses habiles dispositions,
sut à la fois amener une victoire rapide et
éviter une effusion de sang inutile. Après
une lutte de courte durée, les sections se
dispersèrent et force resta à la Convention,
qui, par sa clémence dans le succès, acheva
de rallier tous les patriotes sincères.

Ce haut fait valut à Bonaparte le grade
de général de division, et, quinze jours
après, il était appelé au commandement en
chef de toutes les troupes de l'intérieur.

Ici se place le premier mariage de Napoléon. Le jeune officier, ayant eu l'occasion de rencontrer dans les salons de Paris
madame de Beauharnais, veuve d'un général mort sur l'échafaud, s'éprit de cette
femme remarquable, quoiqu'elle fût plus
âgée que lui et déjà mère de deux enfants,
et l'épousa le 9 mars 1796.

Quelques jours après le mariage, la Convention jetait de nouveau les yeux sur
l'homme qui avait rendu tant de services à
la France, et lui confiait le commandement

en chef de l'armée d'Italie. Le nouveau directeur de la guerre, Carnot, avait proclamé que Bonaparte seul était capable de relever nos armes compromises par l'incapacité du général Schérer.

De ce moment date, en réalité, la carrière de Napoléon, c'est-à-dire la plus merveilleuse qu'un homme ait fournie dans aucun temps. Qu'on se représente ce jeune homme mis à la tête d'une armée de 30,000 hommes à peine, sans vivres, sans munitions, sans armes, épuisés par des revers récents, mécontents et découragés; l'ennemi compte 100,000 soldats bien équipés, disciplinés, et, ce qui est mieux, combattant sur le sol de leur patrie. Accueilli par des murmures et des railleries, que suscitent sa jeunesse et sa petite taille, il lui faut lutter contre la jalousie des officiers placés sous ses ordres, tous plus anciens que lui et déjà illustrés par vingt batailles, Masséna, Augereau, Joubert, Sérurier, etc. L'éloquence entraînante de Bonaparte lui rallia tout d'abord la confiance des soldats : bientôt la victoire allait le transformer en idole.

La première proclamation de Napoléon à

l'armée d'Italie est un chef-d'œuvre d'éloquence militaire; nous ne pouvons résister
au désir de la citer ici, quoiqu'elle soit
bien connue.

«Soldats ! vous manquez de tout. La République vous doit beaucoup, mais ne peut
rien faire en ce moment pour vous. La
constance, le courage que vous avez déve-
loppés au milieu de ces rochers sont dignes
d'admiration, et ne vous ont pourtant pas
donné de gloire. Je vais vous conduire dans
les plaines les plus fertiles du monde. De
riches provinces, de grandes villes tombe-
ront en notre pouvoir. Vous y trouverez
tout ce qui vous manque ici; vous y acquer-
rez de la gloire et des richesses. Soldats !
manquerez-vous de persévérance et de courage ? »

Ces promesses, faites au début de la campagne, se trouvèrent réalisées au delà de
ce qu'on pouvait attendre. Un mois à peine
s'était écoulé, et déjà le roi de Piémont,
épouvanté, avait signé le traité de Cherasco
(28 avril 1796); l'alliance italo-autrichienne
n'existait plus. Autant de jours, autant de
victoires et, parmi les plus éclatantes, les

journées de Montenotte, de Millesimo et de Mondovi. Les ennemis avaient perdu 25,000 hommes tués ou prisonniers.

L'armée autrichienne restait seule en présence. Le 10 mai, Napoléon s'empare de Lodi, après une sanglante bataille, où il paya de sa personne comme un simple soldat. Quelques jours après, le général autrichien Beaulieu était rejeté au delà du Mincio ; les troupes françaises avaient conquis la plus belle partie de la Lombardie. Les princes italiens, terrifiés par cette succession prodigieuse de victoires, s'empressent de poser les armes et de solliciter la paix.

D'immenses richesses, tributs de la guerre, furent envoyées en France. Les objets d'art les plus précieux vinrent enrichir nos musées, en même temps que l'or ruisselait dans les caisses de l'Etat, qui, depuis longtemps, ne s'étaient pas vues à pareille fête.

Le triomphateur fit preuve d'un désintéressement que tous les historiens ont hautement proclamé : il ne voulut rien accepter, l'honneur de la victoire fut sa seule récompense.

Le jeune conquérant n'accorde aucun repos à ses troupes, tant que l'ennemi se trouve en présence ; il laisse une partie de son armée en arrière pour tenir en respect les Autrichiens commandés par Beaulieu, et lui-même se dirige à marches forcées vers Milan. Le 15 mai, il entre en triomphateur dans cette ville, et trois jours après la Sardaigne signe un traité par lequel elle abandonne à la France, la possession de la Savoie, du comté de Nice et du col de Tende.

L'éclat de ces faits d'armes éleva jusqu'aux nues le nom de Bonaparte, mais en même temps suscita contre lui les basses jalousies du Directoire. On ne pardonnait pas au héros son initiative puissante qui décidait de la victoire, et le peu de cas qu'il faisait du gouvernement faible et corrompu de son pays. Pour lui susciter des entraves, on mit peu d'empressement à renforcer l'armée du Rhin, sur laquelle il comptait pour appuyer ses opérations ; il fut même question de lui adjoindre Kellermann dans son commandement de l'armée d'Italie. Napoléon répondit à ces misérables tracasseries par l'offre de sa démission ; mais le Directoire n'eut garde de l'accepter ; il n'était pas assez dépourvu de patriotisme, pour exposer nos armes à un échec, en sacrifiant l'homme qui les avait jusque-là couvertes de gloire. La campagne était loin d'être terminée, du reste, et quel autre que le vainqueur de Milan eût pu la mener à bonne fin ?

Bonaparte puisa une force nouvelle dans les entraves qu'on avait voulu lui créer ; désormais il commande et agit sous sa propre responsabilité, sans autre inspiration que la sienne. Tout d'abord il s'occupa de préparer les pays conquis à la pratique des libertés que le drapeau français abritait sous ses plis ; il créa les gardes nationales, les municipalités, et tenta d'habituer les populations italiennes à se gouverner elles-mêmes, à faire valoir les droits politiques qui sont l'expression la plus élevée des droits de l'homme proclamés par la Révolution française. Ces innovations hardies effrayèrent, plus même que la conquête militaire, les membres de l'aristocratie italienne qui voyaient le pouvoir prêt à leur échapper ; à leur instigation, des soulèvements eurent lieu sur divers points du pays conquis, et il fallut toute l'énergie de Napoléon pour les réprimer.

L'insurrection étouffée, l'armée française se remit en marche à la rencontre des troupes autrichiennes retranchées derrière le Mincio.

Le 30 mai 1796, Bonaparte franchit cette rivière à Borghetto après un brillant combat; l'armée autrichienne fuit devant nos armes victorieuses; une partie va se réfugier dans le Tyrol, l'autre se jette dans Mantoue. Mantoue était la clef de l'Italie tout entière. Pour sauver cette place, l'Autriche envoie à son secours le vieux général Wurmser à la tête de 60,000 hommes de troupes fraîches; l'armée française en comptait 40,000 à peine. Bonaparte n'attend pas l'ennemi, il va à sa rencontre, et avant qu'il ait eu le temps de se concentrer, il l'écrase successivement à Lonato et à Castiglione (4 août). Un mois plus tard, l'armée autrichienne, renforcée de nouveau, est battue à Roveredo et à Bassano; elle n'a que le temps de se réfugier dans Mantoue, devant laquelle les troupes républicaines viennent mettre le siége.

Cette rapide succession de victoires répand la terreur parmi les Italiens, et permet à l'armée française de prendre quelques instants de repos. Bonaparte en profite pour continuer son œuvre de rénovation sociale; il crée des légions italiennes et fonde les républiques cispadane et transpadane dans le pays conquis par nos armes. Les États du prince de Modène sont réunis à la République transpadane; Gênes sollicite et obtient la protection de la France; le roi de Naples et le grand-duc de Toscane sont trop heureux de signer la paix qu'on veut bien leur accorder.

Sur ces entrefaites, le général Gentili parvenait à expulser les Anglais de la Corse, et l'île faisait définitivement partie de la nation française.

Des succès aussi éclatants n'avaient pas été obtenus sans affaiblir les troupes républicaines; une nouvelle campagne était impossible à tenter pour le moment : Nâpoléon fit des offres de paix à l'Autriche. L'altière nation refusa, et bien mal lui en prit, car son obstination fut cause de sanglantes défaites qui achevèrent sa ruine. Après divers

combats sur les bords de la Brenta et à
Caldiero, l'ennemi succombait à Arcole.

Ici se place un glorieux épisode de la vie
de Napoléon, épisode que tout le monde
connaît par les gravures qui l'ont popula-
risé. L'armée autrichienne, retranchée derrière le pont d'Arcole, avait déjà repoussé
victorieusement plusieurs attaques ; nos grenadiers hésitaient à s'engager sur le pont
incessamment balayé par la mitraille et
les boulets. Bonaparte, témoin de cette hésitation qui peut tout compromettre, descend de cheval, s'empare du drapeau du
5e grenadiers, et s'élance en avant ; officiers et soldats se précipitent à sa suite,
et, bravant la mort à l'envi, rejoignent
le général en chef. Le vaillant Lannes lui
fait un rempart de son corps. Une nuée
de projectiles fond sur cette masse humaine
et l'arrête dans son élan. On essaye d'enlever Bonaparte pour le sauver d'une mort
certaine ; au milieu du désordre, le général
se trouve précipité par-dessus le pont et
tombe dans les marais, le corps plongé dans
la vase jusqu'à la ceinture. A cette vue, une
compagnie de grenadiers, électrisée par le

général Belliard, se rue avec impétuosité sur l'ennemi, le repousse et dégage Napoléon.

Les trois journées d'Arcole coûtèrent aux Autrichiens 6,000 prisonniers, 18 canons, 4 drapeaux et environ 18,000 morts ou blessés. Deux mois plus tard, l'ennemi se faisait encore battre à Rivoli, et les débris de son armée étaient obligés de se réfugier dans le Tyrol.

Libre désormais de tourner toutes ses forces contre Mantoue, Bonaparte recommence le siége, et le poursuit avec une habileté telle que la ville ne tarde pas à capituler (2 février 1797).

Quelques jours après cette grande victoire, les troupes papales étaient battues par le général Victor, et le souverain pontife signait la paix de Tolentino. L'armée française restait maîtresse de la haute Italie et de l'Italie centrale.

L'Autriche seule était toujours sous les armes et n'avait pas voulu capituler ; Bonaparte résolut d'aller la battre sur son propre terrain.

Pendant que Joubert s'engage dans les défilés du Tyrol avec une partie des troupes françaises, le gros de l'armée franchit la Piave. Les Autrichiens successivement vaincus à Tavis, à Chiusa-Vénéta, à Neumark et à Léoben, se décident enfin à signer les préliminaires de Léoben (18 mai 1797), pour sauver Vienne, distante seulement de quelques jours de marche.

Pendant que s'accomplissait cette merveilleuse campagne, l'Italie crut le moment favorable pour se soulever ; à l'instigation du gouvernement vénitien, qui avait commencé par soudoyer les hommes du Directoire afin d'empêcher un retour offensif de Bonaparte, des soulèvements simultanés eurent lieu sur tous les points du territoire, et des détachements français furent massacrés.

Le 5 mai, de sa propre autorité, Napoléon déclarait la guerre à Venise ; six jours après, ses troupes entraient dans les lagu nes, et un gouvernement démocratiqu remplaçait l'oligarchie des nobles. Le mêm sort atteignait bientôt Gênes, et le 14 juin la République cisalpine était instituée.

A ce moment, la France, si glorieuse l'extérieur, était menacée de nouvelles lutte intestines ; républicains et réactionnaires se disputaient le pouvoir. Bonaparte comprit que sa présence serait bientôt nécessaire à Paris ; il se hâta de clore la campagne dirigée contre l'Autriche, et qui avait abouti aux préliminaires de paix de Léoben. Un retour offensif des troupes françaises sur la Piave, décida l'Empereur à signer le fameux traité de Campo-Formio (17 octobre 1797).

Par ce traité, l'Autriche abandonnait à la France, la rive gauche du Rhin, et en compensation, recevait Venise, l'Istrie et la Dalmatie. Dès que la convention militaire eut été signée au congrès de Rastadt, Bonaparte revint à Paris.

Le vainqueur d'Italie reçut à son arrivée l'accueil le plus enthousiaste de toutes les classes de la population. L'Institut lui ouvrit ses portes et le Directoire donna une fête splendide en son honneur au palais du Luxembourg.

Celui qui avait envoyé aux caisses de l'État plus de 150 millions en numéraire, rentrait en France presque aussi pauvre qu'il l'était avant de partir. Les économies qu'il avait pu faire sur son traitement de général en chef, suffirent à peine à payer le domaine de la Malmaison qu'il acheta pour sa femme.

Un homme comme Napoléon ne pouvait rester longtemps dans l'inaction ; il accepta bientôt le commandement en chef d'une armée du Nord, qui devait, disait-on, aller combattre les Anglais, sur le sol même de l'Angleterre ; mais la France était, à cette époque, trop épuisée en hommes et en argent pour pouvoir entreprendre une guerre aussi périlleuse. Bonaparte le comprit du premier coup d'œil ; il revint à Paris, et proposa au Directoire une expédition qui devait, avec plus de chances de succès, amener le même résultat. Toute la puissance de l'Angleterre résidait dans sa possession des Indes ; c'est là qu'il fallait frapper ; mais d'abord il convenait de s'emparer de l'Egypte, dont la conquête ouvrirait la porte des possessions anglaises.

Une expédition fut donc résolue et préparée avec une activité extraordinaire ; le plus grand secret fut gardé sur sa destination. Les troupes s'embarquèrent à Toulon, le 19 mai 1798, après une proclamation chaleureuse, dans laquelle Napoléon leur annonçait de nouvelles victoires, mais sans dire quel allait être le théâtre des combats.

L'île de Malte prise, en passant, la flotte française suivit une route indéterminée pour mieux tromper l'amiral Nelson, dont l'escadre rôdait dans les eaux de la Méditerranée. Parvenue devant l'île de Candie, la flotte se dirigea brusquement sur l'Egypte, et parut tout à coup devant Alexandrie, après quarante-trois jours de navigation. La ville était prise avant même que le débarquement ne fût terminé. Alors seulement Bonaparte fit connaître le but de l'expédition à ses soldats ; en même temps il s'adressait aux Egyptiens dans un langage oriental, et leur annonçait qu'il venait les délivrer de l'odieuse tyrannie des Mamelouks, promettant, du reste, de respecter leurs lois, leurs usages et leur religion.

Le corps expéditionnaire se composait de 30,000 hommes, choisis parmi les meilleurs soldats d'Italie : il avait à sa tête les chefs les plus renommés : Kléber, Desaix, Menou, Lannes, Murat, etc. La flotte, commandée par l'amiral Brueys, comptait 13 vaisseaux de ligne, 14 frégates et un grand nombre de bâtiments légers. Bonaparte avait fait attacher à l'expédition les savants les plus illustres de l'époque : Monge, Berthollet, Geoffroy-Saint-Hilaire, etc. La campagne devait être glorieuse et utile à tous les points de vue.

Le 21 juillet 1798, l'armée française, marchant sur le Caire, rencontrait aux pieds des Pyramides 60,000 ennemis qui venaient lui disputer le chemin de la capitale. La célèbre bataille des Pyramides amena l'extermination presque complète de cette race des Mamelouks qui, depuis des siècles, avait appesanti son joug sur l'Egypte, après y être venue en esclavage. Cinq jours après, Napoléon faisait son entrée au Caire, où il s'empressa d'organiser un gouvernement provisoire composé des principaux habitants.

La fortune, qui jusque-là n'avait cessé de sourire au jeune héros, sembla l'abandonner un instant. Une nouvelle terrible lui parvint tout à coup ; la flotte française venait d'être complétement détruite par l'amiral Nelson. Le désastre d'Aboukir coupait toute retraite à nos troupes : il fallait vaincre, vaincre toujours ou périr.

Napoléon conserva seul son sang-froid en apprenant cette terrifiante nouvelle ; il comprima avec énergie une révolte qui éclata à la faveur de la consternation générale ; puis, quand il eut rétabli le prestige de nos armes, il poursuivit avec activité la mission civilisatrice qu'il avait entreprise. Pour conquérir les sympathies du peuple, il assista avec pompe à des cérémonies en l'honneur de Mahomet ; il répandit des aumônes abondantes, fonda l'Institut d'Egypte sur le modèle de notre Institut, etc. Rien n'y fit ; les Egyptiens, fanatisés par leurs prêtres, ne cessèrent pas de se montrer hostiles à ceux qu'on leur représentait comme des ennemis de leur religion. Napoléon, toujours dominé par les grandes pensées, fit un voyage d'exploration pour tâcher de retrouver le canal autrefois creusé par Sésostris entre la mer Rouge et la Méditerranée.

Le projet grandiose que Napoléon avait

formé aura été réalisé depuis par un Français dont la postérité célébrera le nom; dans quelques jours, le canal de Suez établira de nouveau la communication entre les deux mers ; le percement touche à son terme, grâce à l'énergie persévérante de M. de Lesseps, le fondateur de cette entreprise gigantesque.

A son retour au Caire, Bonaparte apprit que le Pacha de Syrie et le Grand Turc amenaient des armées considérables au secours de l'Egypte ; il résolut immédiatement de prévenir ses adversaires, et marcha à leur rencontre à la tête d'environ 10,000 hommes. El Arish, Gaza et Jaffa furent les premières étapes glorieuses du corps expéditionnaire ; mais, les hommes vaincus, un ennemi plus terrible fondit sur nos soldats : la peste décima leurs rangs. On connaît l'héroïque conduite de Napoléon en cette circonstance ; pour inspirer de la confiance à nos malheureux compatriotes et leur prouver que la peste n'était pas contagieuse, il visita les salles des hôpitaux de Jaffa, prit des pestiférés dans ses bras, toucha leurs plaies..... Tant d'audace et d'abnégation de soi-même releva le moral des plus abattus.

Reprenant sa marche conquérante, Bonaparte vint mettre le siége devant Saint-Jean-d'Acre, qui résista avec opiniâtreté pendant que les Turcs s'avançaient pour la secourir. La victoire du Mont-Thabor, remportée sur ceux-ci, permit bientôt de recommencer le siége avec une énergie nouvelle. Mais, pour la seconde fois, le succès ne vint pas couronner nos armes, et force fut au général en chef de se retirer avec ses troupes que la démoralisation commençait à gagner.

En arrivant au Caire, Napoléon eut à réprimer de nouvelles insurrections. Peu de temps après, il apprend que 18,000 hommes de troupes turques viennent de débarquer à Aboukir, à l'aide de la flotte anglaise. Sans même prendre le temps de rallier toutes ses divisions, il fond sur eux à l'improviste et les rejette à la mer. 12,000 des leurs sont noyés ou passés au fil de l'épée. Le désastre d'Aboukir était effacé par une éclatante victoire, qui vint à propos consolider la domination française en Egypte.

Cependant de graves nouvelles arrivaient de la mère-patrie, dont Napoléon se trouvait séparé depuis dix mois. Les armées françaises avaient été défaites sur le Rhin et en Italie. L'Autriche relevait la tête en apprenant l'éloignement de celui qui lui avait imposé le traité de Campo-Formio ; en outre, la France était menacée de nouvelles discordes intestines. Le vainqueur d'Aboukir comprit que sa présence était nécessaire pour sauver la patrie. Le 24 avril 1799, il s'embarqua à Damiette sur une frégate française, seule épave de la flotte de Brueys, et, après avoir échappé miraculeusement aux croisières anglaises, il débarqua à Saint-Raphan, près de Fréjus.

De cette ville à Paris, le voyage de Napoléon fut une marche triomphale ; le peuple, fatigué des hommes faibles et corrompus qui se disputaient le pouvoir depuis plusieurs années, voyait en lui un sauveur. Les membres du Directoire l'accueillirent avec méfiance, mais aucun n'osa manifester ouvertement son mécontentement, ni élever des observations à propos du retour inopiné du commandant de l'armée d'Egypte, qui, de sa propre autorité, avait remis ses pouvoirs à Kléber.

Napoléon s'enferma dans son petit hôtel de la rue Chantereine, attendant les événements et prêt à agir dès que la patrie aurait besoin de son épée. Le moment ne tarda pas à venir. Le pays entier voulait en finir avec le Directoire, et demandait à grands cris une constitution meilleure et un chef qui eût la force de la faire observer. Moins d'un mois après son retour à Paris, Napoléon établissait une forme nouvelle de gouvernement par le coup d'État du 18 brumaire (9 novembre 1799).

Avant de tenter cette grande entreprise où il risquait sa vie, — la gloire, les services de plusieurs généraux n'avaient pas suffi à les sauver de l'échafaud, — Bonaparte étudia bien l'esprit et les tendances de la nation. Il ne tarda pas à se convaincre qu'il pouvait compter sur l'appui des neuf dixièmes de la population ; les modérés, les véritables patriotes se sentaient à la fois menacés par les deux partis en présence : les jacobins et les royalistes; tomber au pouvoir des uns ou des autres, c'était rétrograder et compromettre les plus beaux résultats de la Révolution. Son parti fut vite pris ; d'accord avec la plupart des généraux et des membres du Directoire, il obtient que ceux-ci donnent leur démission, après avoir suspendu les pouvoirs des deux chambres et signé le décret constitutif d'un Consulat. Muni de pouvoirs légaux, Bonaparte fait arrêter les députés jacobins, qui voulaient forcer son frère Lucien, président du Conseil des Cinq-Cents, à voter la mise hors la loi du vainqueur d'Orient. Resté seul maître de la situation, sans une goutte de sang versée, Bonaparte inaugure un nouveau gouvernement, aux applaudissements de la France entière.

Avec un pareil homme à sa tête, le pays savait bien qu'il n'avait pas à redouter l'invasion étrangère, ni les guerres intestines.

CONSULAT

II

La journée du 18 brumaire eut pour résultat de remettre provisoirement le pouvoir exécutif entre les mains de trois consuls : Napoléon Bonaparte, l'abbé Sieyès et Roger Ducos, pendant qu'une commission du Conseil des Cinq-Cents s'occupait de rédiger une constitution nouvelle.

Dès la première séance, il fut facile de voir qu'en réalité le pouvoir exécutif allait être exercé par un seul homme, par Napoléon : «Maintenant, dit Sieyès, nous avons un maître ! Il sait tout, il peut tout, il veut tout ! »

Cinq semaines après, la Constitution était soumise au peuple et approuvée par lui; Napoléon devenait le premier magistrat de la République avec le titre de *premier Consul;* son mandat avait une durée de dix ans ; Cambacérès et Lebrun lui étaient adjoints comme consuls.

Bonaparte ne tarda pas à réaliser les grandes espérances que la nation avait mises en lui ; sa prodigieuse activité embrassa toutes les branches du gouvernement : l'armée fut réorganisée et les finances rétablies; le crédit, que les emprunts forcés avaient tué, ressuscita comme par enchantement. En même temps, il s'occupait de l'échange des prisonniers; il instituait une commission de jurisconsultes, sous sa présidence, pour rédiger un nouveau Code civil; l'Ecole polytechnique était fondée.

La loi sur les émigrés fut abrogée; le plus grand nombre en profita immédiatement pour rentrer en France, et, de ce fait, la Vendée se trouva pacifiée.

Le calme renaissait enfin dans notre malheureux pays; Napoléon eût bien voulu lui laisser au dehors le repos dont il avait tant besoin, mais ses ouvertures pacifiques furent repoussées par l'Autriche et par l'Angleterre; il fallut continuer la guerre.

Masséna se trouvait alors à la tête de l'armée d'Italie composée de 40,000 hommes; il avait en face de lui 130,000 Autrichiens commandés par Mélas. Napoléon résolut de frapper un de ces grands coups dont il avait le secret.

En quatre jours, du 17 au 21 mai de l'année 1800, il fait franchir à tout une armée le grand et le petit Saint-Bernard, le Simplon et le mont Cenis, et il fond sur ses ennemis étonnés qui le croyaient encore aux environs de Dijon. La Sesia et le Tessin sont franchis, et nos troupes entrent à Milan; la République cisalpine est aussitôt reconstituée.

Le 6 juin, les Autrichiens sont battus à Montebello, et le 14 à Marengo. Cette immortelle victoire coûta 40,000 hommes à l'ennemi et le contraignit à signer un armistice, en vertu duquel toute l'Italie tombait en notre pouvoir. La campagne avait duré en tout trois semaines à peine; ses résultats étaient immenses.

Le vainqueur laissa le commandement à Masséna et rentra à Paris. Il est impossible de donner une idée de l'enthousiasme qui l'accueillit à son retour; désormais Napoléon était l'idole du peuple, comme il l'avait toujours été des soldats placés sous ses ordres; son nom seul inspirait un respect et une admiration qui tenaient de la superstition. Mais à mesure que sa fortune grandissait, la haine des anciens partis se prononçait davantage. Jusque-là les manœuvres réactionnaires avaient été dirigées contre les institutions; du jour où le gouvernement se trouva personnifié en un seul homme, toutes les colères, toutes les ambitions tournèrent contre cet homme, et il se vit menacé dans son existence.

Le 24 mai 1800, le premier Consul échappa miraculeusement aux atteintes d'une machine infernale dressée dans la rue Saint-Nicaise. L'explosion eut lieu quelques secondes après le passage de la voiture où il se trouvait avec Joséphine et plusieurs généraux. Cet horrible attentat, mis à exécution par Carbon et Saint-Régent, et perpétré par les royalistes, coûta la vie à une vingtaine de personnes.

Napoléon dut son salut aux mêmes circonstances providentielles qui ont préservé son illustre neveu et l'Impératrice Eugénie le 14 janvier 1858. Les conjurés avaient dressé leurs infernales batteries de la même manière ; l'occasion était la même, une représentation à l'Opéra ; les souverains ont été sauvegardés dans les deux cas par la vitesse des chevaux attelés à leurs voitures. Quant aux victimes, ce furent, comme toujours, des personnes de la suite et de simples curieux. Cette considération seule ne devrait-elle pas suffire à empêcher toute tentative d'assassinat politique ? Mais rien n'arrête la main du criminel, quand elle est mue par l'ambition.

La paix faite avec l'Autriche, Napoléon concentra les efforts de sa diplomatie vers une entente, une réconciliation avec tous les peuples hostiles. Pour désarmer la Turquie, on lui abandonna l'Egypte. Le pape, reconnaissant des égards que le premier Consul lui avait toujours témoignés, et de la considération dont il entourait le clergé, fit lui-même les premières avances, et, à la suite de longues négociations, la France rentra enfin dans le giron de l'Eglise catholique. Le 15 juillet 1801, un concordat célèbre était signé, qui sauvegardait les libertés gallicanes, tout en rétablissant les droits et les priviléges religieux du souveverain Pontife.

Enfin, le 27 mars 1802, l'Angleterre, épuisée par une lutte de dix ans, se décidait à son tour dans le sens de la paix, en concluant le traité d'Amiens.

Libre de toute préoccupation extérieure, entouré de l'amour de la France entière, Napoléon poursuivit avec une activité nouvelle son œuvre d'organisation sociale. Bientôt le Sénat, interprète de la volonté nationale, prorogeait à l'avance, de dix années, le mandat du premier Consul ; trois mois plus tard, le même corps le nommait Consul à vie. Ces deux modifications successives à la Constitution de l'an VIII furent soumises à l'approbation du.pays : le peuple les sanctionna avec enthousiasme ; la France s'estimait trop heureuse de placer définitivement à sa tête l'homme de génie qui lui avait donné une gloire immense à l'extérieur, le repos et la prospérité à l'intérieur.

Républicains et royalistes comprirent alors que le moment était venu de se rallier au pouvoir, puisqu'il fallait désespérer de l'abattre. Napoléon les accueillit avec bienveillance, et leur fit une place dans l'administration publique, en tenant compte des capacités et des services de chacun.

Cependant les puissances étrangères ne pouvaient voir sans jalousie, ni sans crainte, l'accroissement incessant de la puissance de la France. L'Angleterre surtout se montra inquiète de la prospérité du commerce français et de la marine. A force de chercher de tous côtés un prétexte pour rompre le traité d'Amiens, cette puissance en trouva un dans la possession des îles Lampadosa et de Malte qu'elle revendiqua au mépris de toutes les conventions. Accueillie par un refus formel, elle retira son ambassadeur de Paris, et la guerre fut de nouveau déclarée le 18 mai 1803.

Napoléon se vit alors forcé d'occuper l'électorat de Hanovre ; puis il décréta le blocus, interdisant l'entrée en France de toutes les marchandises anglaises ; en même temps, des préparatifs immenses se firent dans tous nos ports pour préparer une descente de troupes en Angleterre.

Désespérant de pouvoir nous vaincre par les armes, la perfide Albion seconda de son mieux les entreprises des émigrés de haut parage qui résidaient en Allemagne ; des assassins, soudoyés par le parti royaliste, débarquèrent sur le littoral français à l'aide de bâtiments anglais ; mais la Providence préserva une seconde fois le chef que la France s'était donné, et les conspirateurs, commandés par Georges Cadoudal, payèrent de leur tête leurs criminelles tentatives.

Loin d'affaiblir la puissance de Napoléon, les dangers nouveaux qui venaient fondre sur le pays, la guerre étrangère et les complots à l'intérieur, firent comprendre de tous côtés le besoin d'une prompte restauration monarchique : la France décida, dans son patriotisme éclairé, qu'elle devait abdiquer ses pouvoirs entre les mains de l'homme qui, seul, était capable de la sauver. Sur la proposition du tribun Curée, le 30 avril 1804, les chambres délibérèrent sur la nécessité d'élever un trône impérial et d'y asseoir Napoléon Bonaparte et ses héritiers. Le 18 mai suivant, l'Empire était proclamé.

Le lendemain, Napoléon Ier se montra au peuple et à l'armée, entouré des maréchaux et des grands dignitaires de l'Empire; les acclamations chaleureuses qui retentirent à sa vue trouvèrent un écho dans les applaudissements de la France entière.

L'EMPIRE

III

L'Empereur fut immédiatement reconnu par l'Autriche, la Bavière, le Portugal, le Danemark et Naples ; et, quelque temps après, par la Prusse, l'Espagne et la Toscane.

Le pape vint à Paris pour couronner Napoléon Ier ; la cérémonie du sacre eut lieu le 2 décembre 1804, avec une grande pompe, dans l'église Notre-Dame. Trois jours après, tous les régiments de l'armée étaient passés en revue par l'Empereur, au Champ-de-Mars, et leurs drapeaux recevaient de ses mains les aigles impériales, qui devaient porter leur vol victorieux sur tous les champs de bataille de l'Europe.

Napoléon Ier ne voulait cependant pas de guerres nouvelles ; désormais rien ne pouvait ajouter à sa gloire, et son rêve était de faire de la France la première nation du monde, par la richesse et la civilisation, comme elle l'était déjà par les armes. Mais l'Angleterre, notre irréconciliable ennemie, ne l'entendait pas ainsi ; maîtresse des mers, grâce à sa puissante marine, elle croyait pouvoir braver impunément le géant qui régnait de l'autre côté de la Manche. Une lettre autographe fut adressée par Napoléon au roi de la Grande-Bretagne, le 2 janvier 1805, sans que les propositions de paix qu'elle contenait fussent écoutées.

Avant d'entreprendre une campagne nouvelle, l'Empereur se rendit à Milan, et se fit couronner roi d'Italie, au milieu de cérémonies semblables à celles qui avaient eu lieu, lors du sacre ; puis il nomma son beau-fils, Eugène de Beauharnais, vice-roi d'Italie, réunit Gênes et Parme à l'Empire français, et joignit le territoire de Lucques à la principauté de Piombino, qu'il avait donnée à sa sœur Elisa Bacciochi.

Sur ces entrefaites, la capture d'un grand nombre de navires de commerce par les croiseurs anglais détermina Napoléon à tenter une expédition contre l'inattaquable Albion; il donna ordre de construire dans tous nos ports une flottille de bâtiments de transport pouvant contenir une armée de 200,000 hommes, et un camp immense fut organisé à Boulogne.

Tout porte à croire que Napoléon ne songeait nullement à tenter l'impossible, c'est-à-dire une descente en Angleterre; la grande démonstration de Boulogne avait surtout pour but d'inquiéter cette nation, et de lui faire contracter des alliances qui permettraient à la France de compter ses ennemis. C'est ce qui arriva en effet; dès le commencement de 1805, la Suède, la Russie et l'Autriche avaient embrassé la cause anglaise.

Napoléon savait ce qu'il voulait; il entreprit immédiatement de châtier l'Autriche, coupable d'une déloyauté constante. L'armée de Boulogne se trouva transportée, comme par enchantement, sur les bords du Rhin, que l'avant-garde franchit, au pont de Kehl, le 1er octobre. Vingt jours après, notre alliée, la Bavière, était débarrassée de l'armée autrichienne, et celle-ci rejetée dans Ulm, se voyait obligée de mettre bas le armes ; 26,000 hommes, 3,000 chevaux et 86 pièces de canon tombaient en notre pouvoir.

Pendant que Murat entrait en vainqueur dans la capitale de l'Autriche, Napoléon se portait au-devant de l'armée russe accourue au secours de cette puissance, la battait dans différentes rencontres, et enfin l'anéantissait dans la célèbre journée d'Austerlitz (2 décembre 1805).

Arrêtons-nous un instant devant cette lutte de géants, comme l'a si bien nommée Napoléon lui-même.

Le général russe Koutousof se croyait prédestiné à battre celui qui n'avait pas encore rencontré de rival, et il le disait hautement aux empereurs François et Alexandre, qui commandaient en personne, l'un, les troupes autrichiennes, l'autre, les troupes russes, — d'où le nom de bataille des Trois Empereurs que porte encore la journée d'Austerlitz. — Cette confiance présomptueuse devait recevoir un sanglant démenti.

La veille de la bataille, la plus grande animation régnait dans le camp français; on se rappelle que le lendemain, c'est l'anniversaire du couronnement du *Petit Caporal;* cinquante mille bouchons de paille sont allumés au bout des fusils; l'illumination précède la victoire. Tous les soldats, empreints d'une foi superstitieuse, sont assurés du succès, et Napoléon, témoin de cet enthousiasme, partage tellement la même conviction, qu'il dit à Berthier, en montrant l'ennemi : « Avant demain au soir, cette armée est à moi. »

La prédiction de l'Empereur se réalisa de point en point; le lendemain au soir, l'armée austro-russe, qui avait été composée de 100,000 combattants, n'existait plus; 40,000 alliés étaient tués ou prisonniers, 120 pièces de canon et tous les bagages

tombaient au pouvoir des Français, dont
50,000 hommes seulement avaient combattu.

Alexandre et François II, cernés de tous
côtés avec les débris de leurs armées, vinrent en personne implorer la clémence du
vainqueur, qui consentit à les laisser partir.
L'armée française ouvrit ses rangs pour
livrer passage à ceux qui s'étaient annoncés
comme les libérateurs de l'Allemagne.

« Je suis content de vous, dit l'Empereur à ses soldats dans la proclamation qui
suivit la victoire; il vous suffira de dire :
j'étais à la bataille d'Austerlitz, pour qu'on
vous réponde : Voilà un brave. »

Le traité de Presbourg termina cette
merveilleuse campagne de deux mois. Par
ce traité, l'Autriche reconnut Napoléon en
qualité de roi d'Italie; ce royaume s'accrois-
sait de Venise et de la Dalmatie; la Toscane, Parme et Plaisance étaient incorpo-
rées à l'Empire français.

Malheureusement, un désastre épouvantable vint contre-balancer l'effet moral que
la victoire d'Austerlitz avait produit en
Europe; le 20 décembre 1805, dix-huit

jours après le triomphe de nos armes, la flotte française était écrasée à Trafalgar par l'escadre anglaise, commandée par Nelson, qui fut enseveli lui-même dans sa victoire. Il fallait plus que jamais renoncer à tout espoir d'aller châtier notre insaisissable ennemi.

Maître sur le continent, arbitre des destinées de l'Europe, Napoléon voulut affermir la paix en contractant des alliances de famille avec nos adversaires de la veille. Dès les premiers jours de 1806, le prince Eugène de Beauharnais, son beau-fils, épousait une princesse de Bavière, et Stéphanie de Beauharnais, nièce de Joséphine, l'électeur de Bade.

Joseph, frère de l'Empereur, montait sur le trône de Naples, et Louis devenait roi de Hollande. En même temps, tous les glorieux compagnons de l'Empereur recevaient des fiefs dans les pays conquis, et constituaient une aristocratie nouvelle, fondée sur ce grand principe que les honneurs sont accessibles à tous; l'égalité ne consiste pas à maintenir tous les hommes sous un même niveau, mais bien à permettre à chacun de s'élever par ses mérites.

Le 12 juillet 1806, Napoléon créait la Confédération du Rhin, et s'en déclarait protecteur; désormais, l'antique empire germanique, ennemi séculaire de la France, avait cessé d'exister.

Le moment semblait enfin venu d'une paix générale dont tous les peuples avaient un égal besoin. L'élection de Fox au ministère, fit croire un instant que l'Angleterre allait poser les armes, mais cet espoir fut de courte durée. Les tories reprirent de nouveau le pouvoir; leur premier acte fut d'organiser une coalition nouvelle contre la France; dans la ligue entrèrent la Suède, la Prusse et la Russie : cette dernière puissance ne nous avait pas pardonné notre clémence à Austerlitz.

Il fallut de nouveau entrer en campagne. Napoléon quitta Paris, le 25 septembre 1806. Quelques jours après, une armée de 120,000 hommes était concentrée à Bamberg.

Les Prussiens, réunis aux Saxons, formaient une masse de 180,000 soldats, commandés par de vieux généraux, élevés à l'école de Frédéric le Grand, et qui affectaient de mépriser souverainement la tactique nouvelle que Napoléon avait inaugurée avec tant d'éclat ; ils devaient ne faire qu'une bouchée du vainqueur d'Austerlitz.

L'Empereur commença par se placer en arrière des ennemis pour leur couper la retraite ; puis, il les anéantit à la bataille d'Iéna (14 octobre). « Le 8, je serai devant l'ennemi, avait-il dit ; le 10, je le battrai à Saalfeld, le 14 ou le 15, je battrai toute son armée, et avant la fin du mois mes aigles entreront à Berlin. »

La bataille d'Iéna coûta à l'ennemi 15,000 morts, un nombre énorme de blessés et de prisonniers, 60 drapeaux et 300 pièces de canon ; elle ouvrit les portes de Berlin à nos troupes, qui y firent leur entrée le 25 octobre.

On voit, par ces détails, que Napoléon était meilleur prophète que les généraux de l'école de Frédéric.

Désireux d'atteindre, autant qu'il était possible, la nation haineuse et vindicative sur qui retombait la responsabilité des dernières guerres, Napoléon signa à Berlin, le 21 novembre, un décret qui déclarait l'Angleterre en état de blocus ; il était interdit aux neutres de recevoir aucune marchandise venant de ce pays, et de laisser débarquer aucun de ces habitants sur leurs territoires. Ce décret rendu, l'Empereur se fit un allié de l'électeur de Saxe en l'amnistiant et en lui conférant le titre de roi, puis il marcha à la rencontre des Russes.

L'ennemi, contraint de battre en retraite après plusieurs combats meurtriers, se vit bientôt forcé d'accepter la bataille ; il fut massacré à Eylau, les 7 et 8 février 1807. Cette bataille est la plus meurtrière de l'Empire ; elle n'eût pas cependant de résultat immédiat, parce que les rigueurs de la saison nous mirent dans l'impossibilité de compléter la défaite des Russes. Mais le triomphe définitif de nos armes n'était que différé de quelques mois.

Le beau temps revenu, Napoléon ouvrit la seconde campagne de Pologne, qui se termina en peu de jours par la victoire de Friedland, où l'armée russe fut littéralement exterminée (14 juin 1807). Le vainqueur fit une seconde fois preuve de clémence en se montrant disposé à traiter ; une entrevue eut lieu le 25 juin entre Napoléon et Alexandre Ier, sur un radeau établi au milieu du Niémen, et les deux Empereurs parurent se réconcilier complétement.

·La paix de Tilsitt, qui suivit cette entrevue, rendit au roi de Prusse ses Etats. Les duchés de Brunswick, de Hanovre et de Hesse-Cassel, formèrent le nouveau royaume de Westphalie, dont Jérôme Bonaparte ceignit la couronne. .

De retour à Paris, Napoléon mit la dernière main aux Codes, dont la rédaction avait été commencée sous le Consulat ; cette publication est un monument impérissable qui atteste la gloire de Napoléon avec autant d'éclat que ses plus brillantes victoires.

Cependant le Portugal, qui avait fait cause commune avec l'Angleterre, devait être châtié à son tour. Napoléon confia une armée à Junot, qui ne tarda pas à faire son entrée triomphale dàns les murs de Lisbonne (30 novembre 1807).

Quelques mois plus tard, l'Espagne elle-même tombait au pouvoir de Napoléon ; le roi Charles IV et son fils, le prince des Asturies, lui abandonnaient tous leurs droits à la couronne, et celle-ci était placée sur la tête de Joseph Bonaparte.

En faisant la biographie du frère aîné de Napoléon, nous parlerons de la campagne qui suivit ces événements. Qu'il nous suffise de citer l'opinion de Napoléon lui-même : « J'embarquai mal cette affaire, a-t-il dit dans le *Mémorial de Sainte-Hélène*, la guerre d'Espagne a été une véritable plaie et la cause première des malheurs de la France. C'est ce qui m'a perdu. »

Cette malheureuse expédition échoua, en effet, devant le patriotisme de la nation espagnole ; malgré les victoires éclatantes remportées par nos maréchaux, le but ne put être atteint, et l'on sacrifia le meilleur de nos troupes dans des efforts stériles, quoiqu'ils ne fussent pas sans gloire. Pour la première fois depuis quinze ans, un succès rapide ne vint pas couronner nos armes. L'Europe apprit avec étonnement qu'il était possible de nous résister ; elle se sentit alors là force de relever la tête, et il fallut la dompter de nouveau. L'Autriche, appuyée moralement par le pape, donna le signal de la prise d'armes; la maison de Habsbourg était vraiment insatiable de défaites : écrasée deux fois déjà, elle vint elle-même au-devant d'une troisième humiliation. Pour commencer les hostilités, l'archiduc Charles se mit à la tête de 150,000 soldats, et pénétra en Bohême pendant qu'un autre corps de troupes allait opérer en Italie.

Napoléon quitta Paris le 12 avril 1809; dix jours après les Autrichiens avaient déjà perdu 30,000 prisonniers dans les trois affaires d'Abensberg, de Landshut et d'Eckmühl. Obligés de regagner la Bohême en toute hâte, ils laissèrent le vainqueur s'acheminer vers la capitale de l'empire, où il entra le 17 mai.

De cette ville, Napoléon rendit un décret qui annexait les Etats de l'Eglise à la France; deux mois plus tard, le pape Pie VII était forcé de quitter le Vatican et d'aller fixer sa résidence à Grenoble.

Pendant que ces événements s'accomplissaient en Italie, Napoléon poursuivait l'armée autrichienne, forte encore de 100,000 combattants, et retranchée sur la rive gauche du Danube. Les 21 et 22 mai, une bataille s'engageait à Essling ; nos troupes restèrent maîtresses du champ de bataille, mais notre victoire était incomplète, et l'Empereur avait perdu un de ses meilleurs lieutenants, le vaillant maréchal Lannes.

Des troupes de renfort, amenées par le prince Eugène, permirent à Napoléon de porter le coup décisif : les 6 et 7 juin, l'armée autrichienne fut anéantie à Wagram.

La paix de Vienne, signée le 14 octobre 1809, constituait de nouveau Napoléon l'arbitre des destinées de l'Europe. Le grand conquérant avait atteint l'apogée de sa puissance, et aucune nation n'aurait osé l'attaquer en ce moment. Bien que la guerre d'Espagne se poursuivît avec des chances diverses, son influence ne suscita aucune aggression nouvelle. Les grands événements qui venaient de s'accomplir en Allemagne permirent à la France de goûter un repos de trois ans : Napoléon en profita pour consolider son immense Empire.

Cependant l'Empereur était profondément affecté de voir qu'il ne pourrait transmettre son nom glorieux à aucun héritier direct : il n'avait pas eu d'enfant de son mariage avec Joséphine de Beauharnais. C'est alors que l'intérêt de sa dynastie, qu'il ne séparait pas des intérêts de la France, lui inspira une détermination pénible à son cœur, mais nécessaire. La raison d'Etat fit taire les sentiments de l'homme, et, sur sa demande, un sénatus-consulte, daté du 16 octobre 1809, prononça le divorce.

Napoléon songea d'abord à unir ses destinées à celles de la grande-duchesse de Russie ; ce mariage, qui aurait sans doute imprimé aux événements à venir une direction tout autre, ne put se faire, à cause de l'âge de la jeune princesse. L'Empereur demanda alors la main de Marie-Louise, archiduchesse d'Autriche, espérant établir par ce mariage une réconciliation complète entre les deux Empires. Cette union fut célébrée à Paris le 2 avril 1810.

Un an après, le 20 mars 1811, cent un coups de canons, tirés aux Invalides, annonçaient la naissance d'un prince qui reçut immédiatement le titre de roi de Rome. La France entière s'associa à la joie immense dont cet événement remplit le cœur du souverain ; la dynastie napoléonienne semblait définitivement établie, et la puissance prodigieuse du pays n'était plus exposée à disparaître avec l'homme qui la lui avait acquise.

Quelques mois avant la naissance du roi de Rome, l'Empire avait pris un accroissement nouveau de territoire par l'annexion de la Hollande, du Hanovre, de plusieurs territoires de la confédération du Rhin et de la Catalogne. Cet immense État comprenait 44 millions d'habitants : Paris, Rome et Amsterdam en formaient les splendides capitales.

On peut dire que la puissance de Napoléon n'était pas seulement comprise dans les limites de son Empire, il régnait, en réalité, sur plus de cent millions d'hommes, car ses frères, qu'il avait couronnés, devaient toujours le reconnaître comme suzerain de leurs royaumes. Louis, qui régnait sur la Hollande, se vit même retirer sa couronne pour n'avoir pas exactement observé les prescriptions du terrible chef de sa famille.

Cependant, l'excès même de cette puissance devait être fatal à la France ; l'Europe ne pouvait accepter longtemps la suprématie d'un seul homme. Le blocus continental, que Napoléon avait décrété pour isoler l'Angleterre, portait un préjudice réel aux nations contraintes à le subir ; la Suède fut la première à l'enfreindre. Cet exemple fut bientôt suivi par la Russie, qui voyant là une cause inévitable de rupture, se mit sournoisement en mesure de résister. L'empereur Alexandre, au mépris des traités et de l'amitié qu'il paraissait témoigner à Napoléon, fit avancer plusieurs corps d'armée considérables, qui vinrent s'échelonner sur les frontières du grand-duché de Varsovie.

Désireux d'éviter une rupture s'il était possible, Napoléon essaya d'abord de la conciliation, mais les négociations diplomatiques ayant duré près d'une année sans aboutir à aucun résultat, il fallut encore en appeler aux armes.

L'Empereur quitta Paris le 9 mai 1812,

pour se rendre en Pologne; il espérait encore éviter un conflit, comme le prouve le séjour qu'il fit à Dresde pendant quinze jours, après avoir convoqué tous les princes allemands. Les tentatives pacifiques de cet auguste congrès ayant échoué, l'hésitation n'était plus permise : la guerre fut déclarée.

L'armée impériale qui franchit le Niémen, le 25 juillet 1812, était peut-être la plus belle que l'on eût jamais vue; elle se composait de 500,000 hommes, et formait quatorze corps distincts, commandés par des rois, des princes et des maréchaux, sous la direction suprême de Napoléon.

A côté des soldats de la France, allaient combattre ses alliés, Italiens, Allemands, Suisses, Polonais, Hollandais, Espagnols et Portugais. La multiplicité de ces éléments nous fut malheureusement plus nuisible qu'utile; le défaut d'entente entre les chefs amena des hésitations qui se convertirent bientôt en trahisons répétées.

L'empereur Alexandre n'avait d'autre allié que la Suède, mais comme il venait de conclure la paix avec le sultan, les immenses ressources militaires de la Russie pouvaient converger vers un même point. Instruit par les défaites passées que le nombre ne pouvait rien contre les troupes commandées par Napoléon, le czar adopta le plan de campagne présenté par les généraux Phull et Knesebeck ; il consistait à éviter tout engagement décisif avec le redoutable souverain de la France, et à reculer sans cesse devant lui pour l'attirer dans l'intérieur du pays ; le manque d'approvisionnements et les rigueurs de l'hiver seraient plus efficaces que les armes moscovites pour battre l'ennemi.

L'événement donna cruellement raison à nos adversaires.

Napoléon, au contraire, désirait suivre sa tactique habituelle, c'est-à-dire porter un coup décisif, en affrontant une grande bataille, et, la victoire obtenue, marcher rapidement en avant, pour dicter les conditions de la paix dans les murs de la capitale ennemie.

Quatre jours après le passage du Niémen, nos troupes entraient à Wilna ; là, on perdit un temps précieux à attendre divers corps de troupes, qui n'arrivaient pas. Les divisions russes échelonnées le long du fleuve, purent rejoindre le gros de leur armée.

De retraite en retraite, l'ennemi amena nos troupes sous les murs de Smolensk, qu'il défendit avec opiniâtreté ; il fut cependant forcé d'évacuer cette ville, le 17 août. L'armée russe continua son mouvement rétrograde sur la route de Moscou, suivie de près par Napoléon, mais évitant toujours un engagement sérieux.

Cependant l'opinion publique s'émut en Russie de cette tactique prudente ; force fut à l'empereur Alexandre de livrer une bataille. Au moment de risquer ce grand coup, il crut prudent d'appeler au commandement en chef le fameux général Koutousoff, l'étonnant capitaine qui, la veille d'Austerlitz, promettait de ne faire qu'une bouchée de Napoléon et de ses troupes.

Le 5 septembre, les deux armées se trouvèrent enfin en présence ; deux jours après, nos troupes gagnaient la victoire dans la sanglante bataille de la Moscowa. Koutousoff était obligé de reconnaître l'excellence des plans de son prédécesseur, et de fuir à son tour devant nos armes victorieuses. Malheureusement, le moment approchait où la Russie allait triompher presque sans combat, par la seule force de son terrible climat.

Napoléon fit son entrée, le 16 septembre, dans Moscou et établit son quartier général au Kremlin, l'antique résidence des czars; contre son attente, l'ennemi vaincu ne lui apporta aucune proposition de paix.

Bientôt Moscou s'éclaira de lueurs sinistres; l'incendie éclatait de tous côtés, allumé par les propres mains de Rostopchin, le gouverneur de la ville. Napoléon comprit tout : la véritable guerre de Russie commençait à peine; ne pouvant le vaincre par les armes, ses ennemis l'avaient attiré au cœur de leur pays pour le terrasser par le froid et la famine.

L'hiver était survenu, un hiver d'une rigueur exceptionnelle; la route suivie glorieusement par nos troupes s'était refermée derrière elles ; d'immenses plaines dévastées et couvertes de neige allaient être parcourues sous le feu d'un ennemi qui seul pouvait combattre sous ce ciel inhospitalier.

Alors commença cette retraite épouvantable, dans laquelle l'armée française eût été complétement exterminée, sans la force d'âme et le courage inouï qu'elle déploya pour résister à tous ses ennemis : le climat, les privations et les Cosaques. Par des prodiges de valeur, elle parvint à rompre les lignes serrées de ses infatigables adversaires, et lui fit subir encore de sanglants échecs à Smolensk et à Wiasma.

La trahison vint malheureusement aggraver notre situation. Si le prince Schwartzenberg, qui commandait le corps de nos alliés autrichiens, eût fait son devoir, peut-être la déroute se fût-elle convertie en un triomphe éclatant ; mais déjà le cabinet de Vienne, poussé par l'Angleterre, songeait à tirer parti de nos revers. L'armée russe commandée par Tchitchakof put s'avancer sans être inquiétée jusqu'à la Bérézina, où elle tenta de nous couper la retraite.

Les troupes françaises forcèrent le passage, mais à quel prix ? Le pont de la Bérézina, énergiquement défendu par le

9e corps, fut sacrifié pour empêcher l'ennemi de se lancer à la poursuite de nos malheureux soldats ; il fallut abandonner l'artillerie et tous ceux qui n'avaient pu gagner la rive droite !

Dix mille personnes environ trouvèrent la mort dans cette fatale journée du 28 novembre ; un plus grand nombre encore tomba entre les mains de l'ennemi sur la route de Wilna, que l'armée française suivit après avoir franchi la Bérézina. Vaincus par les rigueurs d'une température inconnue dans nos contrées, exténués par la faim, nos soldats n'avaient plus la force de soutenir leurs armes ; ils marchaient pêle-mêle comme des moutons, tant que leurs jambes pouvaient les supporter. Malheur à ceux qui essayaient de prendre un peu de repos ; ceux qui tombaient ne se relevaient pas ; le froid figeait le sang dans leurs veines, la lance des Cosaques ne transperçait que des cadavres !...

Le 11 décembre, les débris de l'armée française repassèrent le Niémen. Napoléon rentra à Paris. Ainsi finit cette fatale campagne de 1812 ; mais ce n'était encore que le commencement de nos malheurs. Encouragée par l'échec que nos armes venaient de subir, l'Europe entière allait bientôt se soulever pour écraser la France.

Déjà, vers la fin de la campagne de 1812, nos alliés prussiens s'étaient hâtés de capituler avec le vainqueur; peu de jours après, ils conclurent une alliance offensive et défensive, qui réduisit Napoléon à entreprendre une nouvelle campagne.

Le prince Eugène, malgré sa valeur, ne pouvait résister à toute l'Allemagne soulevée; le faible corps d'armée qu'il commandait dut rebrousser chemin après une sanglante affaire livrée à Mockern, le 5 avril 1813; fort heureusement, l'arrivée immédiate de Napoléon sur le théâtre de la guerre, à la tête d'un corps de troupes imposant, changea la face des choses.

Battus successivement à Lutzen et à Bautzen, les Prussiens signèrent un armistice, qui permit à l'Autriche de se poser en médiatrice. Mais le congrès de Prague n'amena pas d'autre résultat que de forcer cette puissance à se prononcer. Le 12 avril 1813, nous avions un ennemi de plus : le beau-père de Napoléon déclarait la guerre à la France.

Des armements gigantesques furent faits de part et d'autre. Les coalisés mirent en ligne trois grands corps d'armée formant ensemble un effectif de 500,000 hommes, Russes, Autrichiens et Prussiens.

Napoléon disposait de 440,000 soldats, Français, Italiens et Saxons. Seul, de tous les princes allemands, le roi de Saxe restait encore notre fidèle allié. C'est dans la capitale du royaume, à Dresde, que fut établi le centre des opérations de notre armée.

Les coalisés firent une tentative vaine contre cette ville, le 27 août; vaincus et forcés de battre en retraite, ils auraient certainement été anéantis par le corps de Vandamme, si ce général eût reçu les renforts qu'il attendait. Suivirent divers engagements partiels, glorieux pour nos troupes, mais qui les affaiblirent inutilement; bientôt il fallut abandonner Dresde et concentrer toutes les divisions sur un même point.

Le moment solennel approchait où les deux grandes armées allaient s'entre-choquer dans une rencontre qui déciderait de la campagne.

La collision eut lieu les 16 et 18 octobre 1813, sous les murs de Leipzig ; elle fut épouvantable. On l'appelle en A'lemagne *la bataille des peuples.*

Dans la première journée, l'honneur des armes resta à la France : cinquante mille de nos soldats repoussèrent victorieusement les attaques d'un ennemi trois fois supérieur. Le 17 se passa sans combat ; les deux armées s'observaient et prenaient leurs dispositions avant d'en venir à une lutte décisive.

Le 18 au matin, le combat recommença ; de part et d'autre, on fit des merveilles d'audace et d'habileté. Vers le soir, une trahison indigne vint compromettre le succès, qui déjà semblait pencher de notre côté : la division saxonne et la cavalerie de Wurtemberg passèrent à l'ennemi. Cette défection subite, en plein combat, révolta nos adversaires eux-mêmes ; le grand-duc Constantin ne put s'empêcher de manifester hautement son indignation : quand le chef, qui nous avait trahis, se présenta devant lui, il le traita de j... f.....

Bien que nous fussions restés maîtres du champ de bataille, la position n'était plus tenable; notre ligne se trouvait ouverte par la défection de nos alliés, et les munitions commençaient à manquer : il fallut songer à la retraite. Pendant la nuit du 18 au 19, toute l'armée française se concentra dans Leipzig; un combat épouvantable s'engagea dès le matin du 19, dans les rues de cette malheureuse ville, que les coalisés livrèrent au pillage.

Cependant les Français continuaient leur retraite en bon ordre; déjà ils avaient presque tous franchi l'Elster, quand les Russes parvinrent à faire sauter le pont qui unissait les deux rives; une partie de notre armée se trouva enfermée dans Leipzig. Les Prussiens, enivrés par ce qu'ils appelaient leur victoire, massacrèrent nos malheureux soldats sans défense; un grand nombre de ceux-ci trouva la mort dans les eaux de l'Elster, en cherchant à gagner l'autre rive.

C'est ainsi que périt le prince Poniatowski, le chef héroïque de cette vaillante légion polonaise, qui seule combattit, jusqu'au bout, aux côtés de la France, et ne l'abandonna pas dans la défaite. La légion polonaise avait accepté le périlleux honneur de former l'arrière-garde pendant que nos troupes évacuaient Leipzig : elle périt tout entière noyée ou égorgée par les vainqueurs.

Les trois journées de Leipzig coûtèrent à la France 20,000 morts et 30,000 prisonniers. En outre de Poniatowski, trois généraux de division furent tués, quatre autres blessés, ainsi que Ney et Marmont. L'armée alliée eut 80,000 hommes hors de combat. En présence de ces résultats, l'histoire impartiale hésite à décerner la victoire aux coalisés ; en tous cas, si nous fûmes écrasés, ce fut par le nombre, car les ennemis étaient trois contre un.

Les revers successifs de Napoléon, en 1813 et en 1814, portèrent au plus haut point l'orgueil et la haine des peuples que nous avions tant de fois vaincus ; ils résolurent de poursuivre leur œuvre jusqu'au bout, oublieux de la clémence dont nous avions toujours fait preuve après la victoire.

Le 21 décembre 1813, la grande armée des coalisés commença à franchir le Rhin, repoussant devant elle le petit corps de troupes commandé par Marmont, Macdonald et Mortier. La France était envahie au nord par un million d'hommes, pendant que Wellington franchissait les Pyrénées à la tête d'une armée anglo-espagnole.

Il était matériellement impossible d'entrer en lutte contre cette masse d'hommes; mais la nécessité de pourvoir aux approvisionnements, la força à se diviser. Napoléon profita de cette circonstance pour battre successivement les différents corps. De l'aveu de tous les historiens, jamais son génie militaire ne s'éleva aussi haut que dans cette campagne de France.

Le 10 février, nos armes étaient victorieuses à Champ-Aubert, le 11 à Montmirail, le 12 à Château-Thierry, le 14 à Etampes, et Blucher battait en retraite sur Châlons. Nouvelle victoire à Nangis le 16, et à Montereau le 17. Le mois suivant, les batailles de Bar-sur-Aube et d'Arcis-sur-Aube achevèrent de démoraliser l'ennemi; il se hâta de revenir sur ses pas et de regagner les campements qu'il occupait cinq semaines auparavant.

Ces rapides succès enivrèrent Napoléon; croyant son enthousiasme partagé par les populations des campagnes, il conçut le hardi projet de se porter sur les derrières de l'ennemi pour lui couper la retraite. Il est certain qu'à ce moment un soulèvement général des provinces occupées par l'ennemi eût amené sa déroute complète; pas un ne serait sorti de France. Malheureusement le pays était épuisé; ses forces ne furent pas à la hauteur de son patriotisme.

Apprenant le mouvement de l'armée française vers le Nord, les généraux ennemis, qui commençaient à profiter des leçons que Napoléon leur avait infligées, ne se laissèrent pas intimider par cette manœuvre. Imitant la conduite du grand capitaine dans les campagnes antérieures, instruits du reste de son plan par une lettre adressée à Marie-Louise, — cette lettre était tombée par surprise entre leurs mains, — ils poussèrent hardiment droit à la capitale, résolus à vaincre une bonne fois ou à périr.

Ce fut le 27 mars, au bivouac de Saint-Dizier, que Napoléon eut la première nouvelle de cet audacieux mouvement. Il se hâta d'accourir au secours de la capitale, mais il était trop tard. Le 30, après une résistance glorieuse, mais inutile, de la population ouvrière et des écoles, Paris était forcé de capituler. Le lendemain, les souverains d'Autriche, de Russie et de Prusse, faisaient leur entrée triomphale dans la grande ville

L'Empire était perdu !

Napoléon put alors mesurer toute l'étendue de l'ingratitude humaine. Ceux-là qu'il avait comblés de richesses et d'honneurs furent les premiers à l'abandonner. Le jour même de l'entrée des alliés à Paris, le Sénat proclamait la déchéance de l'Empereur.

Retiré à Fontainebleau avec les débris de son armée, Napoléon ne voulut pas tenter de nouveau le sort des armes ; il craignait d'exposer le pays à de cruelles représailles. Le 6 avril, il signa un acte d'abdication ainsi conçu : « Les puissances alliées ayant proclamé que l'Empereur Napoléon était le seul obstacle au rétablissement de la paix en Europe, l'Empereur Napoléon, fidèle à ses serments, déclare qu'il renonce pour lui et ses héritiers aux trônes de France et d'Italie, parce qu'il n'est aucun sacrifice personnel, même celui de la vie, qu'il ne soit prêt à faire dans l'intérêt de la France. »

Les souverains étrangers, craignant toujours quelque retour offensif de leur terrible adversaire, résolurent de l'éloigner de France au plus tôt. Il fut décidé que celui qui avait commandé à l'Europe serait exilé dans l'île d'Elbe dont on lui abandonnait la souveraineté, avec deux millions de liste civile, et une garde personnelle de quatre cents hommes.

Nous empruntons le récit du départ de l'Empereur, à l'excellente *Histoire de Napoléon Ier*, de M. Léo de Marck (1). « Ce fut le 20 avril, au matin, que l'Empereur, descendant dans la cour du *Cheval-Blanc*, adressa à sa garde, à ses vieux soldats profondément émus, les adieux célèbres de

(1) *Histoire anecdotique et populaire de Napoléon Ier*, par Léo de Marck. — Paris, 1868, Alfred Duquesne, éditeur, 16, rue Hautefeuille.

Fontainebleau : « Soldats de ma vieille garde,
« je vous fais mes adieux. Depuis vingt
« ans, je vous ai trouvés constamment sur
« le chemin de l'honneur. Dans ces der-
« niers temps, vous n'avez cessé d'être des
« modèles de bravoure et de fidélité. Avec
« des hommes tels que vous, notre cause
« n'était pas perdue ; mais il aurait fallu
« prolonger une lutte cruelle, ajouter peut-
« être la guerre civile à la guerre étrangère,
« et je n'ai pu me résoudre à déchirer plus
« longtemps le sein de la France. Jouissez
« du repos que vous avez si justement acquis,
« et soyez heureux. Ne plaignez pas mon
« sort ; si j'ai consenti à me survivre, c'est
« pour servir encore à votre gloire. Je veux
« écrire les grandes choses que nous avons
« faites ensemble ! Adieu, mes enfants ! Je
« voudrais vous presser tous sur mon cœur ;
« que j'embrasse du moins votre drapeau !
« Général Petit, approchez... » Le général
Petit, qui portait le drapeau, s'avança. Napoléon le reçut dans ses bras et baisa le
drapeau. « Adieu encore une fois, mes vieux
« compagnons, dit-il, que ce dernier bai-
« ser passe dans vos cœurs ! » Puis, il se

jeta dans sa voiture, les yeux humides et ayant attendri les commissaires eux-mêmes, chargés de l'accompagner.

« Le voyage de Fontainebleau à Moulins fut une sorte de promenade triomphale. Dans toute la Bourgogne et le Bourbonnais, les cris de *Vive l'Empereur !* l'accueillirent. A Moulins, les premières cocardes blanches se montrèrent ; à Lyon, se firent entendre les derniers vivats. En traversant Valence, Napoléon rencontra Augereau qui, dans une proclamation bourbonnienne, venait de reprocher à l'Empereur de n'avoir pas « su « mourir en soldat. » Napoléon ne connaissait pas encore ce honteux manifeste, et embrassa, avant de le quitter, son vieux camarade d'Arcole. Il avait vu le dernier visage ami. En avançant vers le Midi, les cris de : *Vive le Roi !* se multiplièrent et bientôt s'y ajoutèrent ceux de : *A bas le tyran ! Mort au tyran !* Il fallut bientôt tous les efforts des commissaires étrangers et de la gendarmerie pour empêcher un horrible forfait. A Orgon, le peuple, précédé d'une potence, se présenta en demandant l'*ogre de Corse*, et ouvrit de force la voiture impériale, où se tenait seul le général Bertrand, qui faillit payer son dévouement de sa vie. Napoléon avait dû prendre un uniforme étranger ; il le garda jusqu'à Fréjus, où il s'embarqua le 29 avril pour l'île d'Elbe. »

Cependant le trône des Bourbons venait d'être relevé en France, Louis XVIII régnait par la grâce des baïonnettes étrangères ; le parti de l'émigration avait triomphé sans qu'il fût possible d'élever la moindre protestation.

A vrai dire, la France dut s'estimer heureuse d'avoir un gouvernement tout prêt pour remplacer le vainqueur d'Austerlitz ; cette circonstance influa beaucoup sur les déterminations prises par les alliés à l'égard de notre malheureux pays. Nous étions à la merci des vainqueurs : ils pouvaient morceler la France et se partager ses dépouilles ; c'est à la présence des Bourbons que nous devons d'avoir échappé à la ruine qui nous menaçait. A quelque chose malheur est bon.

Le règne de Louis XVIII fut subitement interrompu par un événement extraordinaire : onze mois à peine s'étaient écoulés depuis le départ de l'Empereur, quand on apprit soudain son retour sur la terre de France.

Parti le 24 février 1815 de Porto-Ferrajo, Napoléon venait de débarquer au golfe Juan (1er mars). Le 5, il était à Gap ; toute son escorte se composait de dix cavaliers polonais et de quarante grenadiers. De cette ville, il lança des proclamations, qui, se répandant de proche en proche, excitèrent un enthousiasme indescriptible. Des bandes de paysans, de vieux soldats venaient incessamment accroître son escorte.

Au sortir de Sisteron, cependant, Napoléon put croire un instant que la partie était définitivement perdue pour lui : une colonne de troupes, envoyée de Besançon, lui barrait le passage. L'Empereur s'approche, met pied à terre, et, découvrant sa poitrine : « Soldats, dit-il, s'il en est un parmi vous qui veuille tuer son général, son Empereur, il le peut, le voici ! » A la vue du héros qui les avait si souvent conduits à la victoire, au son de cette voix que toute l'armée connaissait, les soldats font entendre des hourras frénétiques se pressent autour de Napoléon pour embrasser ses mains et ses vêtements.

« Tout est décidé maintenant, dit l'Empereur à ses officiers, nous allons à Paris ! »

Le lendemain Grenoble ouvrait ses portes, et toutes les autorités venaient saluer le souverain populaire : « J'ai su que la France était malheureuse, dit alors Napoléon, je suis venu pour la délivrer du joug des Bourbons ; leur trône est illégitime. Mes droits ne sont autres que les droits du peuple ; je viens les reprendre, non pour régner : le trône n'est rien pour moi ; non pour me venger : je veux oublier tout ce qui a été dit, fait ou écrit depuis la capitulation de Paris. J'ai trop aimé la guerre, je ne la ferai plus... Nous devons oublier que nous avons été les maîtres du monde. Je veux régner pour rendre notre belle France libre, heureuse, indépendante. Je veux être moins son souverain que le premier et le meilleur de ses citoyens. »

Ces nobles paroles retentirent dans toute la France et électrisèrent son patriotisme. De Grenoble à Paris, la marche de Napoléon fut vraiment triomphale ; en vain, le gouvernement envoyait-il des troupes pour le combattre, soldats et généraux passaient de son côté. Les rangs de ses défenseurs grossissaient sans cesse.

Le 20 mars 1815, Napoléon rentrait aux Tuileries, que venaient à peine de quitter les membres de la famille royale. L'Empereur ne fit rien, du reste, pour empêcher leur départ ou entraver leur fuite.

Il signala son retour au pouvoir par des actes qui achevèrent de rétablir sa popularité.

Les travaux interrompus sous les Bourbons furent repris avec activité ; la classe ouvrière connut enfin des jours meilleurs.

Toutes les provinces de la France ne tardèrent pas à arborer le drapeau tricolore. En vain, la duchesse d'Angoulême essaya-t-elle de conserver aux Bourbons Bordeaux, la *ville fidèle*, comme on l'appelait ; ses instances, ses proclamations n'empêchèrent pas le prompt rétablissement du pouvoir impérial. Le courage dont la duchesse fit preuve en cette circonstance, lui valut au moins cet éloge de Napoléon : « C'est le seul homme de sa famille. »

Quant au duc d'Angoulême, il essayait en vain d'insurger le midi. de la France; fait prisonnier lui-même à la tête de ses partisans, il fut exilé de France. Nous l'avons déjà dit, la conduite de Napoléon envers les membres de la famille royale, fut marquée d'une mansuétude et d'une indulgence extrêmes. Il ordonna qu'une pension fut faite à la duchesse douairière d'Orléans et à la princesse de Bourbon, sa fille, dont les biens étaient sous séquestre.

Rentré au pouvoir, Napoléon comprit qu'il devait y associer le pays dans une mesure plus large : l'*Acte additionnel aux constitutions de l'Empire* augmenta les prérogatives des assemblées et les libertés publiques.

En même temps, désirant accomplir fidèlement ses promesses, il fit toutes les tentatives compatibles avec l'honneur pour assurer la paix de l'Europe, mais il rencontra des obstacles insurmontables. Les puissances, qui avaient fait partie de la première coalition, se réunirent de nouveau et déclarèrent: « Qu'elles emploieraient toutes leurs forces pour maintenir le traité de Paris. »

Napoléon, acclamé par la France entière, ne pouvait céder aux menaces de l'étranger, résilier le pouvoir qu'il tenait de la nation : il résolut d'en appeler une dernière fois aux armes pour faire respecter ses droits et ceux du pays.

Des préparatifs immenses furent faits dans toute la France; en peu de jours, sept armées se trouvèrent prêtes à entrer en campagne, appuyées d'une garde nationale formant à elle seule une masse de 2,500,000 hommes.

Avant d'entrer en campagne, Napoléon convoqua, au *Champ-de-Mai*, tous les colléges électoraux : il y eut une cérémonie imposante, à la fois politique et religieuse, dans laquelle le souverain et le pays échangèrent des serments de fidélité et d'union.

Cependant un million d'hommes s'apprêtait à envahir la France; Napoléon se mit en marche avec 400,000 soldats pour aller défendre la patrie menacée.

Mais l'heure du grand capitaine avait sonné : la fortune se montra aussi contraire qu'elle était autrefois favorable : deux batailles seulement, Ligny et Waterloo, et la ruine de Napoléon fut consommée.

Le plan de l'Empereur, en arrivant sur la terre de Belgique, dans ces mêmes plaines d'où il était parti vingt et un ans auparavant pour la conquête de l'Europe, ce plan consistait à empêcher la jonction des armées prussienne et anglaise, afin de les écraser séparément.

D'infâmes transfuges dévoilèrent ces projets à l'ennemi : là ne fut pas cependant la cause réelle de la défaite, comme on va le voir, mais bien dans la mauvaise interprétation des ordres de Napoléon.

Soit que les principaux lieutenants de l'Empereur fussent fatigués de la guerre : elle ne pouvait plus rien ajouter aux honneurs et aux richesses dont ils étaient comblés ; soit que leurs grandes capacités militaires eussent faibli, Napoléon ne trouva pas en eux cette intelligence à comprendre ses ordres et cette docilité dans l'exécution, qui jusque-là lui avaient permis de réaliser des prodiges.

A la bataille de Ligny, qui eut lieu le 16 juin 1815, l'armée prussienne fut battue ; elle aurait été anéantie, si le comte d'Erlon eût suivi les ordres de l'Empereur au lieu d'obéir au maréchal Ney. L'indécision de ce général immobilisa les mouvements des 22,000 hommes qu'il commandait et qui devaient compléter notre victoire. Le vaillant maréchal Ney eut le tort d'oublier dans cette circonstance qu'il commandait en sous-ordre, et que son devoir était d'observer à la lettre les instructions du commandant suprême.

Deux jours après, par une fatalité déplorable, la même faute paralysait nos armes au moment où la victoire leur semblait acquise ; mais, hélas ! cette fois nous n'eûmes même pas la consolation d'un demi-succès ; le triomphe inachevé aboutit à la sanglante défaite de Waterloo !

Continuant à mettre à exécution le plan qu'il avait formé, Napoléon voulait battre les Anglais de Wellington, comme il avait battu à Ligny les Prussiens de Blucher. Ce général avait été forcé de se replier sur Namur ; il s'agissait de l'empêcher d'accourir au secours de Wellington pendant que se livrerait la bataille. Dans ce but, Napoléon donna l'ordre au maréchal Grouchy

de s'interposer entre les deux armées ennemies; puis, il attaqua vigoureusement l'armée anglaise dans la plaine de Waterloo,
à quelques lieues du village de Ligny et le
lendemain de la bataille qui porte ce nom.

Nous ne pouvons pas entrer dans les détails de cette journée de Waterloo, le dernier des combats gigantesques livrés sous
l'Empire; nous dirons seulement que, vers
les sept heures du soir, l'armée anglaise
qui, le matin, comptait 80,000 hommes, se
trouvait réduite à 30,000 combattants épuisés et démoralisés. Wellington lui-même
l'a reconnu, la déroute commençait, et il
était impossible d'empêcher un désastre.

Tout à coup le canon résonne dans le
lointain : « C'est Grouchy! s'écrient les
Français avec une joie immense, pas un
Anglais n'échappera. » C'était Blucher qui
apportait à l'ennemi un renfort de 80,000
hommes de troupes fraîches !

Alors retentirent parmi nos malheureux
soldats, exténués par deux jours de lutte
et de privations, les cris de : « Sauve qui
peut; nous sommes trahis ! » Ce fut le signal de la déroute, l'armée se débanda...

La cavalerie prussienne sabra les fuyards jusqu'au moment où les ténèbres de la nuit vinrent mettre un terme au carnage.

Blucher ne peut revendiquer aucune part de gloire dans cette journée; ses soldats n'eurent qu'à massacrer des hommes sans défense. Tout l'honneur de la victoire revient à Wellington, qui fit preuve, à Waterloo, d'un grand talent militaire et d'une fermeté d'âme inébranlable. Nous n'éprouvons aucun embarras à rendre à nos ennemis la justice qui leur est due.

Qu'était donc devenu Grouchy pendant la bataille? Il avait erré tout le jour sans rencontrer les Prussiens qu'il avait mission de combattre. Les divisions qu'il commandait ne rallièrent même pas le gros de l'armée qu'elles auraient pu sauver d'un désastre. En vain, les officiers placés sous ses ordres, le brave Gérard, entre autres, le supplièrent-ils de marcher droit au point où on entendait le canon, Grouchy demeura inflexible.

Hâtons-nous de dire que l'incapacité de ce général est ici seule en cause; il pécha par manque d'initiative, mais c'est tout; il a été prouvé que, par suite d'un déplorable concours de circonstances fatales, les ordres de l'Empereur n'avaient pu lui parvenir à temps.

Le 21 juin, trois jours après la bataille de Waterloo, Napoléon arrivait à l'Elysée ; la France apprenait en même temps son retour et le désastre qui allait entraîner la chute définitive du géant.

L'Empereur était perdu sans retour ; ministres, sénateurs et députés, tous ceux, en un mot, qui lui devaient au moins de la reconnaissance, l'abandonnèrent brutalement. Napoléon signe pour la seconde fois un acte d'abdication ; puis, dans un magnifique élan de patriotisme, il offre de mettre son épée de général au service du pays, pour le sauver de l'invasion étrangère.

Cette généreuse proposition qui pouvait encore sauver la France, n'est pas acceptée ; et pourtant, Blucher n'avait pas craint de dire, au milieu d'une orgie, que lui seul, à la tête des Prussiens, il se chargeait de prendre Bonaparte et de le *faire pendre!* Fort heureusement pour ce général, Napoléon ne fut pas autorisé à aller châtier, comme elle le méritait, une aussi odieuse fanfaronnade.

Le gouvernement provisoire intima au vainqueur d'Iéna, l'ordre de s'éloigner de France. Napoléon chargea le général Becker de porter sa réponse : « Dites-leur que je ne veux point du pouvoir ; je veux écraser l'ennemi, le forcer à mieux traiter la France, et je poursuivrai ma route. »

« Est-ce qu'il se moque de nous ? » s'écria Fouché, duc d'Otrante, quand il eut connaissance des nobles paroles du souverain, dont la veille encore il était le ministre.

Dès le lendemain (30 juillet), Napoléon est contraint de s'éloigner de Paris ; deux frégates l'attendent à Rochefort pour le transporter en Amérique. Cependant il s'éloigne à petites journées ; l'homme qui avait donné tant de gloire à la France ne peut croire qu'on le laisse partir ainsi, quand l'ennemi est aux portes de Paris.

Ces retards furent fatals à Napoléon. Quand il se présenta pour s'embarquer, à l'île d'Aix, le 8 juillet, il était déjà trop tard. Les alliés étaient entrés à Paris, Louis XVIII avait succédé au gouvernement provisoire ; défense venait d'être faite par le ministre de la marine, de laisser débarquer Napoléon sur le territoire français, et déjà la route de mer était barrée par une flotte anglaise !

L'Empereur ne voulut pas accepter la proposition généreuse que lui firent plusieurs officiers de marine de lui frayer un passage de vive force ; il préféra se remettre de lui-même entre les mains de ses ennemis.

Le capitaine Maitland, commandant le *Bellérophon*, ayant déclaré que « si l'Empereur voulait s'embarquer pour l'Angleterre, il était autorisé à l'y conduire et à le traiter avec le respect et les égards dus au rang qu'il avait occupé, » Napoléon n'hésita plus ; il s'embarqua sur ce navire, après avoir écrit au prince régent d'Angleterre, la belle lettre que tout le monde connaît :

« Altesse Royale, en butte aux factions qui divisent mon pays et à l'inimitié des grandes puissances de l'Europe, j'ai terminé ma carrière politique. Je viens, comme Thémistocle, m'asseoir au foyer du peuple britannique. Je me mets sous la protection de ses lois, que je réclame de Votre Altesse Royale comme du plus puissant, du plus constant, du plus généreux de mes ennemis. »

Le 26 juillet 1815, le *Bellérophon* entrait dans la rade de Plymouth ; quatre jours après, Napoléon recevait, à bord de ce navire la visite de lord Keith, qui lui remettait un acte par lequel l'Angleterre assignait Sainte-Hélène pour résidence à l'homme qui s'était fié en son hospitalité.

« C'est pis que la cage de Tamerlan, dit Napoléon ; autant aurait valu signer sur le champ mon arrêt de mort ! »

Avant de partir, l'illustre proscrit adressa la protestation suivante au gouvernement anglais. Nous la mettons sous les yeux de nos lecteurs, quoiqu'elle soit gravée dans le cœur de tous les Français, et que le monde entier frémisse encore de l'indignation que souleva l'odieuse trahison de l'Angleterre :

« Je proteste solennellement ici, à la face du ciel et des hommes, contre la violence qui m'est faite, contre la violation de mes droits les plus sacrés en disposant par

la force de ma personne et de ma liberté.
Je suis venu librement à bord du *Bellérophon*, je ne suis pas prisonnier, je suis
l'hôte de l'Angleterre. Si, en me recevant
à bord de ce vaisseau, le gouvernement
britannique n'a voulu que me tendre un
piége, il a forfait à l'honneur et flétri son
pavillon. J'en appelle à l'histoire. Elle dira
qu'un ennemi qui fit vingt ans la guerre
au peuple anglais vint librement dans son
infortune chercher un asile sous-ses lois;
et quelle plus éclatante preuve pouvait-il
donner de son estime et de sa confiance?
Mais comment répondit l'Angleterre à une
telle magnanimité? Elle feignit de tendre
une main hospitalière à cet ennemi; et
quand il se fut livré de bonne foi, elle l'immola. »

SAINTE-HÉLÈNE

IV

Le 8 août 1815, Napoléon quitta le *Bellérophon* et passa à bord du *Northumberland*, qui aussitôt mit à la voile vers Sainte-Hélène. Après soixante-dix jours d'une pénible traversée, l'Empereur débarquait dans la rade de Saint-James.

Sainte-Hélène est une petite île volcanique perdue au milieu de l'Océan, à égale distance de l'Afrique et du Brésil. C'est là que le conquérant de l'Europe allait passer les cinq dernières années de sa vie.

L'illustre captif choisit pour résidence le plateau de Longwood; pour toute habitation, il occupa une ferme modeste, que partagèrent avec lui ses fidèles compagnons d'infortune, le général Montholon et sa famille, le comte de Las-Cases, le docteur O'Méara et huit domestiques.

Nous ne nous étendrons pas au sujet des souffrances que Napoléon eut à endurer dans cette île; l'histoire a justement flétri la cruauté du gouverneur Hudson-Lowe et du ministère anglais.

Il faut reconnaître cependant que les récits de la captivité sont empreints d'une certaine exagération : la faute en est aux chaleureuses sympathies qui entourent le nom de Napoléon. A vrai dire, l'Angleterre était singulièrement embarrassée de tenir entre ses mains un aussi illustre captif. Toujours en éveil, toujours tremblante à la pensée que le grand capitaine pouvait briser ses fers et venir remettre tout en jeu; elle avait ordonné à Hudson-Lowe la plus étroite surveillance : le gouverneur de

Sainte-Hélène répondait du prisonnier sur sa tête.

Voici à ce propos comment s'exprime M. Thiers dans son admirable *Histoire du Consulat et de l'Empire*.

Parlant de la captivité de Sainte-Hélène, il écrit les lignes suivantes :

« Napoléon expiait par elle la peur qu'il causait au monde, et ceux qui étaient chargés de le détruire avaient cédé à cette peur avec plus ou moins de cruauté selon qu'ils étaient plus ou moins éloignés de la victime. Les officiers de service la voyant de près ne pouvaient s'empêcher de s'intéresser à elle et d'alléger ses fers, quand ils en avaient le moyen. Sir Hudson-Lowe, qui ne la voyait pas directement, était tracassier, quelquefois persécuteur par défiance ou ressentiment, et parfois aussi se laissait attendrir au récit des souffrances de son prisonnier. A deux mille lieues de là, lord Bathurst ne voyant absolument rien des souffrances de la victime, et tout plein des passions de l'Europe, s'était montré impitoyable. Il a laissé ainsi un triste legs à sa patrie, car si la justice dit qu'on avait le droit de garder Napoléon, elle dit aussi qu'on n'avait le droit ni de le faire mourir ni de l'humilier. »

Cette appréciation des faits nous paraît juste, excepté sur le point capital.

Non, l'Angleterre n'avait pas le droit de garder celui qui s'était fié en elle, celui qui volontairement avait accepté l'hospitalité qu'on lui offrait.

Nous partageons complétement l'avis de M. Léo de Marck : « L'histoire impartiale ne saurait juger autrement la conduite des bourreaux que ne le fit la victime elle-même par ces paroles suprêmes : « Je lègue « l'opprobre de ma mort à la maison ré-« gnante d'Angleterre. »

Sous le climat inhospitalier de Sainte-Hélène, la santé de l'Empereur s'altéra rapidement : les souffrances morales achevèrent la ruine physique de cette organisation puissante.

Vers le milieu du mois de mars 1821, Napoléon fut obligé de garder le lit : il ne devait plus se relever. Le moribond vit venir sa fin sans en éprouver aucune crainte ; il l'accueillit comme une délivrance. Dans les rares moments de calme que lui laissait la maladie nerveuse dont il était atteint, il souriait affectueusement à ses compagnons éplorés, et s'occupait de régler ses dernières dispositions.

Dans la journée du 5 mai, Napoléon tomba dans un sommeil léthargique qui, doucement, sans secousses, le conduisit à la mort; il expira à cinq heures quarante-cinq minutes du soir, en murmurant des paroles qui trahissaient les dernières pensées de son âme prête à s'échapper : *la France... tête... armée... mon fils...*

Pendant vingt années, les dépouilles mortelles de l'Empereur reposèrent dans la vallée de Longwood. L'Europe se refusait à rendre ce cadavre, tant elle redoutait de voir évoquer l'image du héros dont la France gardait pieusement le souvenir.

Avant de mourir, Napoléon avait formulé un vœu suprême : « Je désire que mes cendres reposent sur les bords de la Seine, au milieu du peuple français que j'ai tant aimé. » Ce vœu fut enfin exaucé.

Le 15 décembre 1840, les cendres de l'Empereur rentrèrent en France et furent déposées sous la crypte des Invalides. La cérémonie de la translation se fit au milieu d'un concours immense de personnes accourues de tous les points de la France, pour rendre un dernier hommage au grand homme qui avait placé notre nation à la tête du monde.

NAPOLÉON (FRANÇOIS-JOSEPH-CHARLES)

ROI DE ROME, DUC DE REICHSTADT

Le jeune prince, dans lequel Napoléon Ier voyait un gage certain de la durée de la dynastie impériale, naquit le 20 mars 1811, au château des Tuileries.

Des transports d'allégresse éclatèrent dans toute la France en apprenant cette heureuse nouvelle. L'acte politique, mais douloureux, du divorce de l'Empereur était pleinement légitimé aux yeux du pays par cet événement qui calmait les appréhensions, et permettait d'envisager tout un avenir de gloire et de puissance.

Le jeune prince reçut pour gouvernante la comtesse de Montesquiou, qui accomplit cette mission avec beaucoup de tendresse et de dévouement.

Le roi de Rome, — le fils de l'Empereur avait reçu ce titre à sa naissance, — connut le malheur dès les premières années de sa vie. Il avait trois ans à peine, quand les alliés envahirent la France pour la première fois. Sa mère, Marie-Louise, quitta Paris pour se retirer à Blois. Madame de Montesquiou eut beaucoup de peine à décider cet enfant de trois ans à quitter les Tuileries; il pleurait à chaudes larmes en s'écriant : « *Maman Quiou*, laisse-moi, je t'en prie, à Paris. »

Avant de signer l'acte de son abdication à Fontainebleau, Napoléon avait fait de vains efforts pour assurer à son fils la transmission de sa couronne. Les alliés s'emparèrent du roi de Rome et de sa mère, et fixèrent leur résidence à Schœnbrunn, en Autriche. Une décision du congrès de Vienne investit l'impératrice Marie-Louise de la souveraineté du duché de Parme, reversible sur la tête de son fils.

Pendant les Cent-Jours, Napoléon ne put obtenir de son beau-père que sa femme et son enfant lui fussent rendus. Au mépris des droits les plus sacrés, le roi de Rome continua à résider à Schœnbrunn jusqu'au moment où une tentative d'enlèvement, faite par le généreux fils de la comtesse de Montesquiou, le fit placer au château impérial de Vienne sous une surveillance plus étroite.

Sur ces entrefaites, la cause de la France ayant succombé à Waterloo, Napoléon abdiqua une seconde fois ; plus heureux que la première, il vit la Chambre des députés proclamer son fils Empereur. Mais le règne de Napoléon II, de cet enfant exilé, eut seulement une durée de quelques jours ; le 8 juillet 1815, Louis XVIII rentrait à Paris et s'emparait de la couronne.

Cependant le roi de Rome avait été violemment séparé de sa mère. Quand Marie-Louise alla prendre possession des Etats que le Congrès de Vienne lui avait donnés, elle dut partir seule. Le jeune prince fut retenu dans la capitale de l'Autriche et gardé à vue par cette puissance. Son crime était de porter le nom de Napoléon, qui faisait trembler tous les souverains de l'Europe, quoique le héros lui-même fût enchaîné sur le roc de Sainte-Hélène, à deux mille lieues de la France.

Le roi de Rome se vit bientôt dépouillé de son nom glorieux, le seul débris de ce grand héritage auquel la Constitution impériale et le vote de la Chambre française lui donnaient droit. On commença par abolir la clause qui lui assurait la succession de sa mère dans le duché de Parme; puis il fut créé duc de Reichstadt. A partir du 22 juillet 1818, on ne le désigna plus que sous ce titre. Son grand-père l'empereur d'Autriche voulut cependant qu'on le traitât d'Altesse Sérénissime et qu'il prît rang à la cour, à côté des princes de sa maison.

Dès qu'il eut atteint l'âge de douze ans, on lui conféra le grade d'enseigne dans l'armée autrichienne. Capitaine en 1828, il commanda deux ans plus tard un des bataillons du régiment de Giulay. Etrange destinée que celle du fils de l'Empereur forcé de servir dans les rangs des ennemis de la France !

Cependant l'éducation du roi de Rome n'avait pas été négligée ; on lui avait donné pour gouverneur le comte de Dietrischstein, et pour précepteur Mathieu de Collin, professeur distingué de l'Université de Vienne. Cet excellent homme, loyal et exempt de passions, imprima la meilleure direction au caractère de son élève.

A quinze ans, le roi de Rome avait terminé ses études classiques ; il parlait plusieurs langues avec pureté : entre toutes, il préférait le français et la langue polonaise, voulant par là témoigner de sa reconnaissance aux fidèles alliés de son père.

Le jeune prince excellait dans tous les exercices du corps ; il aimait particulièrement monter à cheval, parce que cela lui permettait de faire au loin des promenades solitaires, et de se livrer à la rêverie mélancolique qui faisait le fond de son caractère. Il était très-aimé à Vienne ; l'affabilité de ses manières, son esprit fin, mais toujours bienveillant, lui avaient conquis le

respect et l'affection de tous ceux qui l'ap
prochaient. Quant aux traits du visage,
rappelait à la fois la physionomie de son
père et celle de sa mère. Il avait la beauté
mâle, sculpturale, de Napoléon avec toute
la grâce de Marie-Louise.

On a prétendu que Napoléon II ignorait
l'histoire de son père ; cela est complète-
ment faux. Le prince avait la plus grande
vénération pour le héros qui lui avait donné
le jour ; il connaissait par cœur les moindres détails de l'épopée impériale. Tous ses
désirs, toutes ses aspirations tendaient à
porter dignement son nom glorieux, — il
n'était donné à aucune puissance humaine
d'empêcher que ce nom ne lui appartînt,—
et à le relever, si les circonstances le lui permettaient.

C'était une grande joie pour le prince
quand il recevait la visite d'un Français, et
il ne manquait pas de lui dire avec émotion : « Monsieur, quand vous reverrez la
colonne, présentez-lui mes respects. »

Tous les ans, l'archiduc Charles, protecteur et ami du duc de Reichstadt, après
avoir été un des plus brillants adversaires

de son père, se rendait avec lui à un service commémoratif de la mort de Napoléon. Le vieux guerrier mêlait ses larmes à celles du jeune prince. Quant à celui-ci, il revenait toujours profondément bouleversé de ce triste pèlerinage du 5 mai, et plusieurs jours se passaient avant qu'il fût remis de ses poignantes émotions.

Le roi de Rome relisait sans cesse les *Mémoires dictés par Napoléon* et le *Journal de M. de Las Cases*; il passait des journées entières à les feuilleter. A chaque instant, le nom de son père venait sur ses lèvres, et il ne manquait pas d'ajouter *que ce serait l'objet capital de sa vie de n'en paraître pas indigne*.

Le fils de Napoléon croyait fermement que l'heure viendrait où il pourrait jouer le grand rôle auquel l'avaient appelé sa naissance et les volontés de la nation française. Maintes fois il dit aux rares amis en qui il pouvait se confier « qu'il avait une foi vive dans l'avenir. »

Le duc de Reichstadt n'était pas seul à croire à sa fortune future; les archiducs autrichiens partageaient cette croyance et l'encourageaient. Bien plus, il paraît avéré aujourd'hui que toutes les puissances étrangères auraient donné leur assentiment à une restauration napoléonienne.

L'événement a confirmé, du reste, ces dispositions favorables de l'Europe ; le prince Louis-Napoléon Bonaparte est monté sur le trône de France, entouré de toutes les sympathies sur lesquelles Napoléon II pouvait déjà compter, quelques années après la mort du fondateur de la dynastie.

Une affreuse maladie, la phthisie pulmonaire, vint rapidement briser avec sa vie les légitimes espérances du fils de l'Empereur. Le malheureux prince avait souffert trop jeune ; des travaux excessifs achevèrent l'œuvre de destruction que la douleur morale avait commencée.

Le mal se déclara au commencemen de 1832; toute la science du docteur Malfatti et ses soins dévoués ne parvinrent pa à l'enrayer.

Force fut au roi de Rome de cesser l service militaire, et il en éprouva une dou leur d'autant plus grande, qu'il venait d'ê tre nommé colonel en second du régiment de Giulay.

Peu de temps après, une promenade imprudente sur les bords du Danube occasionna un refroidissement, qui fit faire de rapides progrès à la maladie. Marie-Louise eut à peine le temps d'accourir de Parme pour embrasser son fils mourant. Il y eut une entrevue déchirante; ces infortunés mêlèrent leurs sanglots pendant quelques instants; puis, tout à coup, la duchesse de Parme s'aperçut qu'elle ne pressait plus qu'un cadavre...

La mort du roi de Rome causa une douloureuse sensation dans toute l'Europe. Les haines commençaient à s'apaiser; on vit avec peine s'éteindre l'héritier direct du grand homme.

En France, cet événement plongea dans le deuil tous ceux qui aimaient sincèrement leur patrie; de glorieuses espérances semblaient brisées pour jamais. Ceux-là mêmes qui haïssaient le nom de Napoléon ne purent s'empêcher de s'apitoyer sur le sort du malheureux prince qui, fils unique de l'Empereur, mourait colonel autrichien!

JOSÉPHINE

IMPÉRATRICE DES FRANÇAIS

Joséphine (Marie-Josèphe-Rose Tascher de la Pagerie) naquit à la Martinique, le 24 juin 1763. Son père était capitaine du port. Elle se fit remarquer de bonne heure, autant par d'éminentes qualités de l'esprit et du cœur, que par sa beauté qui devait plus tard captiver Napoléon Bonaparte.

A l'âge de quinze ans, Joséphine vint en France; elle ne tarda pas à épouser le vicomte Alexandre de Beauharnais, major en second d'un régiment d'infanterie, dont elle eut deux enfants : *Eugène* qui devait être un jour vice-roi d'Italie, et *Hortense*, future reine de Hollande, et mère de l'Empereur Napoléon III.

Le vicomte de Beauharnais embrassa avec ardeur les idées qui surgirent en 1789; mais il fut victime, comme tant d'autres, de la Révolution à laquelle il avait prêté son appui. D'éclatants services comme général de la République ne purent lui faire pardonner son aristocratique origine; il mourut sur l'échafaud le 23 juillet 1794.

Jetée elle-même dans la prison des Carmes, Joséphine allait partager sans doute le triste sort de son mari, quand le 9 thermidor vint la sauver en mettant un terme à l'horrible régime de la Terreur. L'intervention amicale de madame Cabarrus et de madame de Fontenay, auprès de Tallien, fit promptement délivrer la prisonnière, et on lui rendit une partie des biens de son mari.

La jeune veuve connut alors tous les personnages remarquables de l'époque : les salons de Paris se disputèrent cette femme charmante qui empruntait au malheur un attrait de plus.

C'est dans la maison de Barras que madame de Beauharnais vit pour la première fois un jeune général, qui s'éprit d'elle de la passion la plus vive, et sut la faire partager. Napoléon, plus jeune qu'elle de six ans, était à peine connu, malgré les services importants qu'il avait déjà rendus à la République.

Le mariage eut lieu le 9 mars 1796; douze jours après, le général Bonaparte était appelé au commandement en chef de l'armée d'Italie; un mois plus tard ses victoires lui avaient conquis une célébrité universelle.

Joséphine triomphait à la fois dans son cœur et dans son orgueil; à l'amour qu'elle portait à son mari, vint se joindre une admiration profonde et un dévouement absolu aux projets du vainqueur d'Italie.

Au moment d'entreprendre la périlleuse campagne d'Egypte, Napoléon ne voulut pas que sa femme partageât ses dangers. Ni les larmes, ni les prières ne purent ébranler sa résolution. Joséphine dut rester à la Malmaison, que le général venait d'acheter pour elle.

Après le 18 brumaire, une nouvelle existence commença pour la femme du premier Consul, et c'est alors qu'elle put bien faire apprécier toutes les inestimables qualités de son cœur. Il y avait à cette époque bien des larmes à sécher, bien des misères à soulager, bien des injustices à réparer. Joséphine se fit auprès de son mari la médiatrice de toutes les infortunes ; grâce à son intervention, une foule d'émigrés furent rayés de la liste fatale de proscription ; non contente de leur rendre leur patrie, elle voulut les sauver de la misère qui s'était abattue sur presque tous.

Combien d'illustres familles furent ainsi relevées par elle! ce nombre n'est dépassé que par celui des familles plébéiennes qui éprouvèrent son inépuisable charité.

« La bonté, a dit M. de Beausset, dans ses Mémoires, n'était pas le seul trait dominant de son caractère ; dans l'occasion, ce caractère devenait ferme et élevé. » Joséphine en donna une preuve éclatante quand elle fut frappée d'un coup fatal qui l'atteignit dans son cœur et dans sa dignité. Nous voulons parler du divorce de Napoléon.

Quelle femme aurait pu se résigner sans lutte à accepter un acte qui prononçait sa déchéance comme femme et comme Impératrice ? Mais la raison d'Etat fut plus forte que les pleurs de Joséphine et les regrets cuisants de son mari. Aucun enfant n'était issu de leur union ; le fils de Louis-Bonaparte, issu de son mariage avec Hortense de Beauharnais, fille de Joséphine, le neveu de l'Empereur qui était désigné pour lui succéder sur le trône, venait de mourir ; il fallait assurer l'avenir de la dynastie impériale à laquelle se rattachait si étroitement l'avenir de la France. Le divorce fut prononcé, et bientôt Marie-Louise devint Impératrice (1).

Joséphine alla d'abord habiter le château

(1) « Joséphine, dit M. de Beausset, *descendit* du premier trône du monde, mais elle n'en *tomba* pas. Elle avait à cette époque quarante-six ans. Il était impossible de posséder plus de grâce dans le maintien ; ses yeux et son regard étaient enchanteurs ; sa taille était noble, souple et parfaite. Le goût le plus pur et l'élégance la mieux entendue la faisaient paraître plus jeune qu'elle ne l'était en effet. »

de Navarre, près d'Évreux, puis elle se retira à la Malmaison, qui lui retraçait les souvenirs les plus chers. N'était-ce pas là qu'elle avait passé les meilleurs jours de sa vie, aux côtés d'un époux que l'amour et la gloire lui rendaient doublement cher !

Un seul événement heureux vint faire diversion à la douleur de Joséphine, le mariage de son fils, le prince Eugène, avec une princesse de Bavière. Puis les malheurs de la France, les revers de Napoléon la plongèrent dans une morne affliction : à ses angoisses patriotiques se joignait le chagrin cruel de ne pouvoir consoler l'homme qu'elle n'avait pas cessé d'aimer.

L'Impératrice Joséphine jouissait d'une considération telle que, personnellement, elle n'eut rien à redouter au milieu de nos désastres. L'empereur de Russie et le roi de Prusse la traitèrent avec le plus grand respect et lui firent plusieurs visites à la Malmaison.

La mort, une mort rapide et imprévue, épargna à cette excellente princesse, une douleur suprême, sa part de souffrances dans le martyre de Sainte-Hélène.

Joséphine mourut le 29 mai 1814, d'une angine qu'elle avait contractée trois jours auparavant.

Ses restes reposent à Rueil, à côté des dépouilles mortelles de sa fille bien-aimée, la reine Hortense. Une chapelle a été consacrée à la mémoire des deux souveraines.

La reconnaissance et l'amour du peuple français suffiront à perpétuer le souvenir des vertus de l'Impératrice Joséphine; un monument élevé dans le cœur des hommes est moins périssable qu'un édifice de pierre : les injures du temps ne peuvent rien contre lui.

MARIE-LOUISE

IMPÉRATRICE DES FRANÇAIS

Marie-Louise, seconde femme de Napoléon, était la fille aînée de l'empereur d'Autriche François Ier, et d'une fille du roi Ferdinand de Naples. Elle naquit à Vienne le 12 mars 1791.

L'archiduchesse avait dix-neuf ans à peine, quand Napoléon demanda sa main. L'empereur d'Autriche consentit au mariage avec un empressement que la récente victoire des Français à Wagram expliquait suffisamment ; pour la forme, le chef de la maison de Habsbourg lança tous les généalogistes de la couronne à la recherche des titres nobiliaires de la famille Bonaparte, et l'on reconnut que l'union des deux maisons pouvait se faire sans mésalliance.

Napoléon rit beaucoup de ces scrupules de son beau-père : soldat couronné, il tenait essentiellement à être considéré comme le fils de ses œuvres. « La maison Bonaparte date du 18 brumaire », dit-il fièrement au souverain de l'Autriche.

A quoi bon, en effet, aller remuer la poussière des vieux parchemins ; il suffisait de consulter l'histoire des quinze dernières années pour y trouver les titres du fiancé inscrits en lettres d'or, sous les noms de Lodi, Castiglione, Arcole, les Pyramides, Marengo, Austerlitz, Iéna, Friedland, Wagram... nous en passons et des meilleurs.

L'archiduchesse Marie-Louise n'avait pas été préparée dans son enfance à devenir la compagne de Napoléon : « Les jeux habituels de son frère et de ses sœurs, raconte le baron de Méneval, secrétaire intime de l'Empereur, consistaient à ranger en ligne une troupe de petites statuettes en bois ou en cire, qui représentaient l'armée française, à la tête de laquelle ils avaient soin de mettre la figure la plus noire et la plus rébarbative. Ils lardaient cette figure à coups d'épingle et l'accablaient d'outrages, se vengeant ainsi des tourments que faisait éprouver à leur famille ce chef redouté... »

Dès la première entrevue, qui eut lieu sur la route de Compiègne, l'empressement de l'Empereur à se porter au-devant de sa fiancée, l'expression douce et sympathique de son visage, eurent raison des préventions de la jeune princesse. Bientôt Napoléon lui inspira un attachement profond. Le grand capitaine avait au plus haut point le don de fasciner tous ceux qui l'approchaient; comment pouvait-il en être autrement de sa femme ?

Le mariage fut célébré, le 2 avril 1810, avec une pompe extraordinaire. Quatre reines de la famille de Napoléon portaient le manteau semé d'abeilles d'or de la nouvelle Impératrice. Des fêtes splendides eurent lieu à Paris et dans toute la France.

Napoléon visita, à cette occasion, toutes

les provinces de son immense Empire ; pendant le voyage, l'accueil enthousiaste que reçut la fille de François Ier, acheva de dissiper jusqu'au souvenir des tristes impressions de son enfance.

Le 20 mars 1811, la population entière de Paris, groupée autour des Tuileries et sur la place du Carrousel, attendait avec anxiété la délivrance de l'Impératrice ; de sinistres rumeurs circulaient dans la foule : on disait que l'accouchement ne pouvait se faire sans opération dangereuse ; bientôt, on crut à la mort de la jeune mère et de son enfant.

Il y avait quelque chose de vrai dans ces impressions populaires ; le célèbre accoucheur Dubois dut faire un miracle pour délivrer l'Impératrice ; avant d'agir, il consulta Napoléon : « Ne pensez qu'à la mère, répondit l'Empereur, et traitez-la comme une bourgeoise de la rue Saint-Denis. »

Quelques instants après, cent et un coups de canon annonçaient la naissance du Roi de Rome.

L'année suivante, Marie-Louise accompagna l'Empereur au congrès de Dresde, qui précéda la fatale campagne de Russie. Entourée de tous les princes allemands, elle essaya de leur faire partager les sentiments de concorde qui animaient le souverain de la France, et réclama leur médiation pour arrêter la guerre imminente. On sait que toutes les tentatives de paix échouèrent devant l'obstination de la Russie.

Avant de commencer les hostilités, Napoléon institua Marie-Louise régente de l'Empire français ; l'Impératrice remplit cette mission difficile avec la sollicitude la plus consciencieuse. La femme de Napoléon oublia complétement son origine étrangère pour se dévouer tout entière à la cause de son fils et de sa nouvelle patrie.

Après la bataille de Leipzig, l'Impératrice régente prononça un discours remarquable devant le Sénat, convoqué extraordinairement. Les malheurs de la France lui inspirèrent une conduite remplie de convenance et de dignité. Sur l'invitation formelle de l'Empereur, elle se retira à Blois avec son fils ; de cette ville, elle adressa, le 7 avril 1814, au peuple français une proclamation où respire le patriotisme le plus ardent.

L'abdication de Napoléon à Fontainebleau causa une douleur profonde à Marie-
Louise. Le 16 avril, après une entrevue
qu'elle eut avec son père, au Petit-Trianon,
elle comprit qu'il fallait renoncer à l'espoir
d'accompagner l'Empereur à l'île d'Elbe.
L'Impératrice ne fut pas autorisée, malgré
ses prières, à partager l'exil de son glorieux
époux. Il lui fallut quitter la France, avec
le roi de Rome, et aller résider au château
de Schœnbrunn, près de Vienne.

Pendant les Cent-Jours, l'infortunée Marie-Louise continua à être violemment séparée de Napoléon : l'Empereur ne put obtenir qu'on lui rendît sa femme et son
enfant. Les ennemis de la France donnaient
la première preuve de ce mépris de toutes
les lois humaines, qui allait aboutir à l'o-
dieuse trahison qui livra Napoléon aux
mains de l'Angleterre.

Après la chute définitive de l'Empire,
Marie-Louise alla prendre possession des
Etats dont le traité de Fontainebleau l'avait
déclarée souveraine : les duchés de Parme,
de Plaisance et de Guastalla. Elle n'eut
même pas la consolation d'emmener avec

elle son fils unique ; le roi de Rome, devenu duc de Reichstadt, était condamné à vivre sous la surveillance perpétuelle de son grand-père, l'empereur d'Autriche. La malheureuse mère, blessée dans ses affections les plus chères, ne pouvait pas résister aux volontés de l'Europe ; elle fit son entrée solennelle, à Parme, le 20 avril 1816.

Son gouvernement fut empreint d'une extrême modération ; il n'échappa cependant pas aux secousses révolutionnaires qui agitèrent toute l'Italie. Le concours puissant de l'Autriche lui permit de triompher de la tourmente en 1831.

Lors de l'insurrection de 1847, elle voyageait en Allemagne, ce qui n'empêcha pas le parti victorieux de rejeter sur elle la responsabilité des scènes sanglantes qui eurent lieu à Parme.

L'Impératrice Marie-Louise ne revit pas ses États : la mort vint la surprendre à Vienne, le 18 décembre 1847.

Les jugements les plus divers ont été portés sur cette princesse. Sa qualité d'étrangère et l'amour que le peuple français portait à Joséphine, la *bonne Impératrice*, empêchèrent d'apprécier à leur valeur les sérieuses qualités dont elle était douée.

Le seul reproche fondé qu'on puisse faire à Marie-Louise, c'est d'avoir épousé morganatiquement le comte de Neipperg, chef de la cour de Parme. La veuve de Napoléon se devait à elle-même de conserver jusqu'à la mort le nom du grand homme dont elle avait été la compagne.

JOSEPH BONAPARTE

ROI D'ITALIE ET D'ESPAGNE

Le frère aîné de Napoléon naquit à Ajaccio en 1768. Son père le destinait au barreau ; il l'envoya faire ses études de droit à l'Université de Pise.

En 1793, la famille Bonaparte, persécutée pour avoir combattu en faveur de la cause française, dut se réfugier à Marseille. C'est dans cette ville que Joseph épousa la fille d'un riche négociant, mademoiselle Marie-Julie Clary.

Il fut pendant quelque temps secrétaire du conventionnel Salicetti, qui se prit d'affection pour lui, et le fit nommer commissaire des guerres à l'armée d'Italie. Trois ans après, Joseph, ainsi que son frère Lucien, était élu député par le département de Liamone. Il ne tarda pas à se faire remarquer au Conseil des Cinq-Cents ; l'ambassade de Parme, puis celle de Rome furent confiées à son zèle et à son patriotisme.

L'ambassadeur français captiva rapidement le Saint-Père par l'honnêteté et la franchise de sa conduite ; grâce à lui, l'influence française prévalut auprès du pape sur celle des autres nations. Mais les succès du représentant d'une république mécontentèrent vivement les cardinaux. A leur instigation, la populace romaine se précipita contre le palais de l'ambassade, en proférant des menaces de mort.

La conduite de Joseph dans cette circonstance critique fut digne en tous points de la confiance que la France avait mise en lui. L'ambassadeur vint, accompagné seulement du général Duphot, au-devant des agitateurs, et essaya de faire entendre des paroles de paix et de justice. Mais cette foule était payée pour ne rien entendre; elle se rua furieuse sur ces deux hommes désarmés... Le général Duphot fut massacré. Joseph n'échappa que par miracle, après avoir reçu plusieurs blessures.

Le lendemain, l'ambassadeur français quittait Rome secrètement.

Le gouvernement républicain voulut tirer vengeance de l'outrage fait à son délégué et de l'assassinat du malheureux général Duphot. La guerre fut déclarée au pape; quelques jours après, les Etats pontificaux étaient soumis par nos troupes. Le drapeau français fut arboré victorieusement dans Rome, et on lui fit amende honorable sur les lieux mêmes où il avait été insulté.

Joseph Bonaparte reprit ses travaux au Conseil des Cinq-Cents; dans la fameuse journée du 18 brumaire, il était aux côtés de son frère Lucien, qui occupait le fauteuil de la présidence. Son attitude au milieu du tumulte fut marquée d'une grande énergie.

Le courage et le dévouement dont firent preuve les deux frères de Napoléon dans cette mémorable séance, contribuèrent beaucoup à la réussite du coup d'Etat; force resta au jeune général qui tenait ses droits du Directoire, c'est-à-dire du gouvernement légitime de la nation.

Appelé à prendre place au Conseil d'Etat, Joseph fut un des directeurs les plus habiles de nos affaires étrangères; il fit conclure un traité de commerce et de paix avec les Etats-Unis d'Amérique.

L'an 1802, en récompense de l'habileté diplomatique dont il avait fait preuve, il eut l'honneur d'apposer sa signature au bas des traités de paix conclus avec l'Allemagne et l'Angleterre.

Nommé grand-officier de la Légion d'honneur au moment où le premier Consul fonda cet ordre, il reçut, en outre, le titre de membre du Sénat.

Après la proclamation de l'Empire, Joseph fut élevé au rang de prince impérial.

Malgré toutes les hautes dignités dont il était investi, le frère de Napoléon se faisait remarquer par une simplicité et une modestie extrêmes. L'Empereur lui reprocha même plusieurs fois de ne pas contribuer par le faste d'une maison princière à l'éclat dont il voulait entourer sa cour ; mais ni les prières, ni les remontrances ne purent rien changer à l'existence de Joseph ; il voulut toujours vivre suivant ses goûts.

En 1806, l'Empereur chargea son frère d'une expédition dirigée contre le roi de Naples, qui venait de s'insurger contre la France, au mépris des traités et de ses serments. La victoire nous fut rapidement acquise, presque sans effusion de sang.

La population napolitaine supportait avec peine le joug pesant auquel elle était assujettie ; elle acclama d'une voix unanime le nouveau roi, que Napoléon lui donna dans la personne du vainqueur.

La bonté, la modération et l'honnêteté du roi Joseph accrurent rapidement sa popularité ; mais il rencontra des ennemis acharnés dans les membres de la noblesse. Cette classe, privilégiée jusque-là, ne pouvait s'accommoder d'un gouvernement qui proclamait l'égalité de tous les Napolitains et le droit de chacun à s'élever par son mérite aux plus hautes charges de l'Etat.

L'élévation du roi Joseph au trône d'Espagne, en 1808, fut accueillie avec une grande douleur par la bourgeoisie et le peuple napolitain. Le prince lui-même s'éloigna avec peine. Quoique ce fût pour lui un honneur immense d'être appelé à la tête d'une grande nation, il n'accepta que par dévouement à l'Empereur et à ses projets.

Joseph ne rencontra pas en Espagne les sympathies qui avaient accueilli son avénement au trône de Naples. La population tout entière, fanatisée par les prêtres, était hostile à la France ; il fallait conquérir par les armes un trône que les Bourbons avaient si facilement abdiqué entre les mains de Napoléon.

Le roi d'Espagne reçut, dès son arrivée à Bayonne, le 7 juin 1808, le serment de fidélité des députés qui composaient la junte nationale. Une constitution nouvelle fut soumise à leur acceptation ; puis, le roi quitta le sol de la France. Le 20 juillet, il faisait son entrée solennelle à Madrid, entouré de la junte et des ministres du roi déchu.

La nation espagnole n'eut pas même le temps de connaître les bonnes intentions de son souverain. Depuis le mois de mai déjà, l'insurrection avait envahi plusieurs provinces ; nos troupes ne furent pas en nombre suffisant pour faire face aux ennemis qui se dressaient de tous côtés ; elles subirent plusieurs échecs, à Baylen, à Castaños et au siége de Saragosse.

Ces revers portèrent au plus haut point l'exaltation du peuple espagnol. Dix jours après son entrée à Madrid, Joseph était obligé d'abandonner la capitale et de se retirer à Vittoria.

En vain Napoléon appela-t-il au secours de son frère les vaillants soldats qui avaient triomphé maintes fois sur les champs de bataille du nord de l'Europe, et se mit-il à leur tête ; que faire contre une nation en armes ? Les ennemis, renforcés d'une armée anglaise, étaient cent contre un.

Les victoires remportées par nos armes à Samonal, à Espinosa et à Tudéla, forcèrent la capitale à reconnaître de nouveau l'autorité du roi Joseph : l'honneur fut sauf, mais c'était tout.

Partout où nos troupes purent combattre, elles furent victorieuses : à Rosas, à Girone, à Wals, à Ciudad Real et à Medellin. L'ennemi comprit qu'il serait toujours battu en bataille rangée, malgré les innombrables combattants qu'il pouvait mettre en ligne ; il changea de tactique.

Alors commença un autre genre de guerre, que favorisaient la nature accidentée du sol et l'absence de routes. Des bandes irrégulières, recrutées dans tous les rangs de la population, s'embusquaient sur le passage de nos troupes et les harcelaient impitoyablement, sans qu'il fût possible de les atteindre.

Les troupes qui avaient vaincu à Iéna et à Wagram étaient désarmées contre les guérillas.

Le départ de Napoléon, à la fin de janvier 1809, vint donner un nouvel élan à cette lutte acharnée.

La présence d'une armée anglaise fournit à nos généraux l'occasion de quelques nouvelles victoires ; les soldats de Wellington, forcés de combattre en bataille rangée, sentirent à diverses reprises tout le poids de nos armes ; mais il ne nous fut pas possible de triompher du peuple espagnol.

Après une lutte de quatre années, où

l'armée française se consuma en efforts glorieux, mais stériles, nos troupes, commandées par Joseph et par le maréchal Jourdan, éprouvèrent un échec à Vittoria (21 juin 1813). Elles durent repasser les Pyrénées.

Rentré en France, Joseph se retira dans sa terre de Mortefontaine. Pendant la campagne de Russie, Napoléon lui confia la lieutenance générale de l'Empire et le commandement supérieur de la garde nationale de Paris.

A l'approche des alliés, Joseph crut de son devoir de ne pas abandonner l'Impératrice et le roi de Rome; il les accompagna à Blois, après avoir laissé le commandement de Paris au duc de Raguse. Après l'abdication de l'Empereur à Fontainebleau, il passa en Suisse, où il acheta la terre de Prangin.

Dès que Joseph apprit le retour de Napoléon, il se hâta d'accourir à Paris pour lui prêter son concours. L'Empereur nomma son frère pair de France et connétable de l'Empire.

Waterloo amena la chute définitive et simultanée de tous les membres de la famille

Bonaparte. Dans les douloureuses circonstances qui suivirent ce désastre, Joseph prouva bien toute l'étendue de son dévouement à l'illustre chef de sa maison. Il accompagna son frère à Rochefort et voulut le faire embarquer pour l'Amérique : à cette intention, il avait nolisé deux navires de commerce. L'Empereur et lui devaient partir en même temps, chacun sur un bord différent.

Mais Joseph fit de vaines tentatives pour décider l'Empereur à exécuter ce projet qui les sauvait tous les deux. Napoléon lui répondit qu'il était décidé à se confier à la loyauté de l'Angleterre.

C'est alors que l'ex-roi d'Espagne se décida à partir seul ; deux mois après, il débarquait à New-York avec une suite nombreuse. Il acheta aussitôt un domaine près de Trenton, dans le New-Jersey.

Quelque temps après, Joseph Bonaparte prit le titre de comte de Survilliers, et fit acquisition de la terre de Point-Breeze, qu'avait occupée précédemment le général Moreau.

Cet homme, qui avait porté les couronnes

d'Espagne et de Naples, s'adonna aux sciences et à l'agriculture. N'eût été l'affliction profonde que lui causaient les malheurs de sa famille, Joseph Bonaparte aurait passé là les meilleures années de sa vie. Il trouvait enfin l'existence calme et modeste qu'il avait toujours rêvée. Tous les indigents de la contrée bénissaient en lui un bienfaiteur dont la charité était inépuisable.

Le comte de Survilliers s'attacha dès lors à faire oublier le grand nom qu'il avait porté avec tant de distinction ; une seule fois, il sortit de sa retraite pour revendiquer les droits de sa famille, qui étaient ceux de la nation française.

C'était en 1830, après la révolution de Juillet. Joseph Bonaparte adressa une protestation à la chambre des députés contre l'élévation d'un Bourbon sur le trône de France, au détriment de son neveu le duc de Reichstadt, que cette même chambre avait proclamé Empereur, quinze ans auparavant, sous le nom de Napoléon II.

Vers la fin de 1832, Joseph Bonaparte quitta l'Amérique pour venir résider en Angleterre. Au mois de mai 1841, il se rendit à Gênes, où il eut une entrevue avec ses deux frères Louis et Jérôme ; puis il se retira à Florence. C'est là qu'il termina ses jours en 1844.

De son mariage avec mademoiselle Clary, Joseph Bonaparte avait eu deux filles : *Zénaïde*, née en 1802, qui épousa le prince Charles de Canino, fils aîné de Lucien Bonaparte, et mourut en août 1854.

Charlotte, morte en 1839, et qui avait épousé Napoléon-Louis, second fils de Louis Bonaparte et frère de l'Empereur Napoléon III.

LUCIEN BONAPARTE

PRINCE DE CANINO

Lucien Bonaparte, frère puîné de Napoléon est un des membres les plus remarquables de l'illustre famille de l'Empereur.

Né à Ajaccio en 1775, il fit ses études au collége d'Autun, à l'école militaire de Brienne, et enfin au séminaire d'Aix ; puis il rentra dans son pays natal.

Lors de la prise de la Corse par les Anglais, il dut s'expatrier avec toute sa famille et venir habiter Marseille. Comme son frère

Joseph, il se maria très-jeune, car il comptait vingt ans à peine quand il épousa mademoiselle Christine Boyer, fille d'un négociant de la Provence.

Les débuts de la carrière de Lucien Bonaparte sont, du reste, identiques à ceux de son frère aîné. Comme lui, il fut nommé commissaire des guerres en 1796, et peu de temps après envoyé au conseil des Cinq-Cents, pour représenter le département de Liamone.

Le grand talent oratoire de Lucien attira tout d'abord l'attention du pays sur sa personne. Malgré son extrême jeunesse, il eut bientôt l'honneur de présider la chambre.

Dans la famille Bonaparte, la valeur n'attend pas le nombre des années. La belle conduite de Lucien Bonaparte au 18 brumaire est connue de tout le monde. On sait qu'il fit face à l'orage avec une sérénité imperturbable. Invité à soumettre au vote de la chambre la mise hors la loi du général Bonaparte, il imposa silence aux agitateurs et maintint ses droits de président avec une autorité que ni les injures, ni les menaces ne purent ébranler. Un instant sa vie même fut en danger; le général Bonaparte dut faire entrer ses grenadiers pour sauver son frère et faire évacuer la chambre, comme l'ordonnait un décret émané des membres du Directoire.

Après le 18 brumaire, Lucien fut nommé membre d'une commission chargée de jeter les bases d'une constitution nouvelle; cette tâche accomplie, il fut appelé au ministère de l'intérieur.

Sous son administration bienveillante, les arts et les lettres se relevèrent de l'état d'abaissement où la République les avait précipités; l'instruction publique reçut des encouragements efficaces; l'école de Saint-Cyr fut organisée sur un nouveau système.

À peu de temps de là, Lucien reçut la haute dignité d'ambassadeur en Espagne: dès qu'il eut rejoint le poste qui lui était assigné, il s'occupa activement de rétablir la paix entre l'Espagne et le Portugal. Secondé dans ses tentatives par le prince de la Paix, premier ministre du roi Charles IV, il eut rapidement atteint son but, en même temps qu'il assurait à Napoléon l'alliance de la famille royale d'Espagne.

Lucien contribua beaucoup à la cession qui fut faite à la France des duchés de Parme, Plaisance et Guastalla. Il était loin de se douter à ce moment que la souveraineté de ces duchés reviendrait un jour à sa belle-sœur Marie-Louise ; seule épave qu'elle dût recueillir dans le grand naufrage de l'Empire.

En 1802, Lucien rentra au Tribunat, qui avait été le théâtre de ses premiers succès ; il y reconquit bientôt une autorité considérable par son éloquence. C'est lui qui défendit avec éclat le projet de loi qui créait la Légion d'honneur, et, comme de juste, il fut compris dans la première promotion avec le grade de grand-officier.

Enfin, la dignité de sénateur vint clore la série des honneurs décernés à son rare mérite. Désormais, il ne voulut plus monter ; tous les efforts de l'Empereur devaien échouer devant la fermeté et l'indépendanc de son caractère.

Lucien n'était pas partisan d'une restau ration monarchique, quoique le trône dû être occupé par un membre de sa famille diverses circonstances se joignirent à celle ci pour faire éclater une mésintelligence pénible entre les deux frères.

Fidèle aux idées qu'il avait toujours défendues, Lucien, veuf depuis quelque temps de sa première femme, ne voulut pas entendre parler d'alliance royale : il refusa la main de la reine d'Etrurie, que lui offrit Napoléon, et contracta, malgré son frère, une seconde union avec mademoiselle Alexandrine-Laurent de Bleschamps.

Résolu à vivre dans la retraite la plus absolue, Lucien se retira à Milan, puis à Rome, où il eut des relations excessivement amicales avec le Saint-Père.

Après la paix de Tilsitt, Napoléon revit son frère à Mantoue. L'Empereur lui offrit la couronne de Naples ou celle d'Espagne, à son choix, mais à la condition qu'il divorcerait pour reprendre sa liberté, et contracter à l'occasion un mariage politique.

Lucien refusa de se séparer de la femme qu'il avait choisie, bien qu'on offrît à celle-ci toutes les compensations capables de flatter la vanité et l'orgueil.

Il se retira aux environs de Viterbe, dans la terre de Canino, que le pape érigea plus tard en principauté, pour lui décerner le titre de prince romain.

Lucien ne professait pas pour lui seulement le dédain des alliances royales ; il refusa de marier sa fille Charlotte au prince des Asturies. Pour se dérober aux obsessions de son frère, et ne pas se mettre en lutte ouverte avec lui, il résolut enfin de s'expatrier aux Etats-Unis.

Le navire qui portait le prince de Canino tomba au pouvoir des Anglais. Le prince fut considéré comme prisonnier de guerre, mais on le traita avec une grande distinction. Après avoir habité Madère pendant quelques mois, il dut aller fixer sa résidence en Angleterre.

Lucien Bonaparte vivait depuis quatre ans dans une retraite absolue, quand lui parvint la fatale nouvelle de la chute de son frère. Rendu à la liberté, il retourna dans cette Italie qui lui était si chère ; mais bientôt les événements le rejetèrent dans toutes les agitations qui avaient marqué le début de sa carrière.

L'Empereur venait de ressaisir le pouvoir ; la France l'avait acclamé à son retour de l'île d'Elbe. Lucien comprit que son devoir était d'assister de ses conseils l'illustre chef de sa famille : au milieu des circonstances critiques qui allaient surgir, sa place était aux côtés du souverain de la France. Il revint à Paris, très-décidé à quitter cette ville, dès que sa présence ne serait plus nécessaire.

Mais Napoléon avait d'autres projets : heureux de s'être réconcilié avec un frère dont il appréciait hautement le mérite, il ne voulut plus s'en séparer.

Bon gré mal gré, Lucien dut résider au Palais-Royal, accepter le titre de prince français et prendre place à la Chambre des Pairs, quoiqu'il eût préféré remplir le mandat de député que ses concitoyens venaient de lui donner.

Cependant l'Empereur allait partir à la tête de nos armées pour combattre les ennemis qui, de nouveau, s'apprêtaient à envahir la France. Avant de quitter Paris, il réunit un conseil privé auquel il appela son frère.

Dans cette mémorable circonstance, Lucien formula trois propositions qui déplurent à l'Empereur ; si Napoléon les eût acceptées franchement, peut-être aurait-il pu transmettre sa glorieuse succession à son héritier direct. Le prince de Canino proposa :

1° Que Napoléon abdiquât en faveur du roi de Rome ;

2° Que la régence fût déférée à Marie-Louise, et qu'on plaçât les droits du fils de Napoléon sous la protection de son grand-père, l'empereur d'Autriche ;

3° Que Napoléon se rendît à Vienne comme otage des conventions stipulées.

Waterloo vint quelques jours après forcer l'Empereur à reconnaître la sagesse de ces conseils ; mais il était trop tard pour les mettre à exécution.

Autant Lucien s'était montré ferme et indépendant dans la prospérité, autant il fut dévoué et courageux quand le malheur vint s'abattre sur son frère ; seul il conserva son sang-froid dans les circonstances critiques qui suivirent le désastre de nos armes.

Retiré à Neuilly pendant le règne éphémère du gouvernement provisoire, il comprit que la Restauration de Louis XVIII mettait un terme à sa carrière politique ; alors il reprit le chemin de l'Italie.

Lucien eut à se féliciter de l'amitié sincère que son caractère et sa personne avaient inspirée au Saint-Père. Arrêté à Turin, parce qu'il était le frère du prisonnier de Sainte-Hélène, il fut énergiquement réclamé par le pape qui, pour obtenir sa liberté, s'engagea à ne pas le laisser sortir des Etats de l'Eglise.

Le Saint-Père tint fidèlement sa promesse : il refusa, en 1817, de délivrer des passeports au prince de Canino qui voulait aller rejoindre son frère Joseph aux Etats-Unis.

Vers 1830, les haines s'étant évanouies en même temps que disparaissait la crainte inspirée par le nom de Bonaparte, Lucien recouvra une entière indépendance ; il alla passer quelque temps en Angleterre, puis en Allemagne. Enfin, il revint une dernière fois en Italie ; la mort vint le surprendre à Viterbe, le 30 juin 1840.

Lucien Bonaparte fut le père d'une nombreuse famille ; de son mariage avec mademoiselle Christine Boyer, il eut :

La princesse *Charlotte*, née le 13 mai 1796, dont la main avait été sollicitée par le prince des Asturies (Ferdinand VII), et qui épousa, en 1815, le prince romain Gabrielli.

Christine, mariée au comte suédois Posse, et, plus tard, femme de lord Dudley Stuart, héritier de l'un des plus grands noms de l'Angleterre.

De son mariage avec mademoiselle de Bleschamps, naquirent :

Charles-Lucien-Jules-Laurent Bonaparte, prince de *Canino* et de *Musignano*, qui épousa, en 1822, la fille aînée de Joseph, sa cousine germaine.

Le prince *Paul*, mort à la Spezzia, le 5 août 1827.

Lœtitia, née le 1er décembre 1804, et mariée à l'Irlandais Thomas Wise, ambassadeur britannique en Grèce.

Jeanne, née à Rome en 1806, marquise Honorati, et dont la fille Cécile a laissé un recueil de poésies remarquables.

Marie, née le 12 octobre 1818, mariée au comte Vizentini.

Constance, née le 30 janvier 1823, religieuse au Sacré-Cœur de Rome.

Louis-Lucien, né le 4 janvier 1813, et

Antoine, né le 31 octobre 1816; tous deux ont été membres de l'Assemblée législative. Enfin :

Pierre-Napoléon, né le 12 septembre 1815.

Nous parlerons plus longuement des fils de Lucien Bonaparte, élevés au rang de princes de la Famille Impériale, par Napolésn III, leur cousin-germain.

LOUIS BONAPARTE

ROI DE HOLLANDE — COMTE DE SAINT-LEU

Le troisième frère de Napoléon naquit à Ajaccio le 2 septembre 1778; il fut élevé à l'école d'artillerie de Châlons.

Il eut l'honneur d'assister, aux côtés de son frère, à toutes les grandes batailles qui signalèrent par autant de victoires la première campagne d'Italie et la campagne d'Egypte.

Après le coup d'État du 18 brumaire, Louis reçut une importante mission auprès du czar Paul Ier; mais la mort inattendue du souverain de Russie l'arrêta en route, avant qu'il eût pu l'accomplir.

Promu au grade de général de division, il fut nommé connétable lors de l'établissement de l'Empire, et colonel-général des carabiniers.

En 1805, il venait d'être appelé au commandement général du Piémont, quand l'Empereur lui confia le poste important de gouverneur de Paris, que Murat allait abandonner pour la couronne de Naples.

Quelque temps après, il était placé à la tête de l'armée de réserve réunie à Boulogne, pendant que Napoléon allait entreprendre la première et glorieuse campagne d'Allemagne.

Le 5 juin 1806, le vainqueur d'Austerlitz remit les destinées de la Hollande entre le mains de son jeune frère.

Loin de se laisser éblouir par l'éclat d'une aussi grande fortune, Louis Bonaparte n'accepta la couronne qu'avec une extrême répugnance. Naturellement modeste et simple comme ses frères Joseph et Lucien, il envisageait avec effroi la lourde tâche qui

allait lui incomber ; peu soucieux de briller,
il n'aspirait pas à gouverner les hommes.
Il ceignit la couronne cependant, par respect pour l'homme illustre qui régnait avec
tant de gloire sur la France, et pour ne pas
contrarier les immenses projets que le héros
avait formés.

De même que son frère Joseph à Naples,
Louis eut bientôt conquis le cœur de ses
sujets par la bonté de son caractère et l'honnêteté de ses intentions. Dès le premier
jour de son règne, il se dévoua tout entier
au bonheur des Hollandais ; il fit jouir son
peuple de toutes les conquêtes de la Révolution française, et le dota d'une législa-
tion nouvelle, copiée sur les Codes Napoléon, mais appropriée aux besoins et aux
mœurs de sa patrie d'adoption.

Quand les princes souverains d'Espagne
eurent abdiqué entre ses mains, l'Empereur songea d'abord à placer son frère
Louis à la tête de la péninsule Ibérique ;
mais le roi de Hollande refusa énergiquement de quitter son royaume ; il répondit
que l'amour de son peuple avait consacré
le choix que Napoléon avait fait de lui pour

régner à La Haye ; le devoir et la reconnaissance lui commandaient de rester à son poste.

Cependant les armements excessifs imposés à la Hollande par le génie conquérant de Napoléon, et, plus encore, les prescriptions sévères du blocus continental, ruinaient ce peuple que le commerce seul peut faire vivre. Dans l'intérêt de ses malheureux sujets, le roi Louis crut pouvoir se départir d'une observation stricte des volontés du maître de l'Europe : il favorisa secrètement la sortie et l'entrée de diverses marchandises.

Instruit de ce fait par sa police secrète, l'Empereur manifesta hautement son mécontentement, et manda son frère à Paris pour se justifier. Pénétré de l'idée que seul il pouvait assurer une existence calme à la Hollande, le roi Louis promit tout ce que l'on voulut. Mais il ne put lutter pendant longtemps contre la force des choses ; son cœur généreux saignait à la vue des misères de son peuple, il ferma les yeux et les prescriptions du blocus furent de nouveau enfreintes.

Napoléon feignit de comprendre que son frère n'était pas assez fort pour régner en maître et servir ses desseins ; il envoya le maréchal Oudinot à la tête d'une armée, sous prétexte d'appuyer l'autorité royale.

En apprenant la marche des troupes françaises, le roi de Hollande vit bien que désormais il ne serait plus libre dans l'administration de son royaume, et alors il donna l'exemple d'un patriotisme et d'une loyauté qui excitèrent l'admiration de toute l'Europe.

Ce prince étranger, que la Hollande avait adopté, ne voulut pas appuyer son sceptre sur des baïonnettes étrangères : il abdiqua solennellement en faveur de son fils aîné, le 1er juillet 1810 ; la reine était instituée régente pendant la minorité du jeune prince.

Peu de jours après, la Hollande devenait une des provinces de l'Empire français de par la volonté du tout-puissant Empereur.

En descendant du trône, Louis Bonaparte prit le nom de comte de Saint-Leu, et vint habiter Galatz, en Styrie. Il se retirait pauvre, fort de sa conscience, et avec le seul regret de n'avoir pu faire tout le bien qu'il avait rêvé d'accomplir dans son royaume.

Le roi de Hollande ne voulut même pas toucher les revenus de sa liste civile, échus au moment de son départ. Touché de ce désintéressement, Napoléon fit à la reine Hortense un revenu annuel de deux millions, et lui donna le domaine magnifique de Saint-Leu.

Quand vinrent les revers, Napoléon retrouva un ami fidèle et dévoué dans la personne de ce frère que la prospérité n'avait pu éblouir. Le roi Louis fit tous ses efforts, en 1813, pour empêcher la Hollande d'entrer dans la coalition formée contre la France. Il exhorta vivement son frère à traiter de la paix pendant qu'il en était temps encore

Après l'abdication de Fontainebleau, Louis accompagna jusqu'à Blois sa belle-sœur, l'Impératrice Marie-Louise. Ce devoir accompli, il se rendit à Lausanne, puis à Rome, où il séjourna pendant les Cent-Jours. Le retour triomphal de Napoléon

n'avait pas fait naître en lui des illusions
au sujet des destinées futures de la France;
certain d'avance que ses conseils ne seraient
pas plus écoutés que les sages propositions
de son frère Lucien, il refusa de venir occuper le siége que Napoléon lui avait donné
à la Chambre des Pairs.

La carrière politique du roi Louis était
terminée; il passa le reste de ses jours dans
une retraite paisible et honorée, adonné à
la culture des lettres, qui avaient fait la prédilection de sa vie.

· L'honnête et excellent prince, qui régna
sur la Hollande juste assez de temps pour
conquérir les sympathies de tous ses sujets,
est mort à Livourne, le 25 juillet 1846.

Le comte de Saint-Leu n'eut même pas
la consolation suprême de s'éteindre entre
les bras de son fils bien-aimé, alors détenu
au fort de Ham. Le prince Louis-Napoléon,
aujourd'hui Empereur des Français, parvint à s'échapper de sa prison; mais il arriva trop tard pour recueillir le dernier soupir de son père.

Louis Bonaparte avait épousé, en 1802,
Hortense de Beauharnais, fille du général

de Beauharnais et de Joséphine Tascher de la Pagerie, qui devint plus tard Impératrice des Français.

Trois enfants naquirent de ce mariage :

Napoléon-Louis-Charles, né en 1803, mort le 5 mars 1807.

Louis-Napoléon, né en 1804. La mort de son frère aîné l'éleva au rang de prince royal de Hollande. Quand ce royaume fut annexé à l'Empire, en 1809, Louis-Napoléon reçut de l'Empereur le titre de grand-duc de Clèves et de Berg : il épousa sa cousine-germaine la princesse Charlotte, fille du roi Joseph, et mourut à Forli, le 17 mars 1831, en combattant dans les rangs des patriotes italiéns.

Charles-Louis Napoléon, né à Paris le 20 avril 1808. Ce prince règne aujourd'hui en France sous le nom de Napoléon III.

JÉROME BONAPARTE

ROI DE WESTPHALIE

Le plus jeune des frères de Napoléon Iᵉʳ naquit à Ajaccio le 15 décembre 1784. Il fit son éducation au collége de Juilly, et embrassa la carrière de la marine.

Lieutenant de frégate en 1801, il reçut le commandement de la corvette l'*Epervier*, et participa à l'expédition de Saint-Domingue, sous les ordres du général Leclerc, son beau-frère. Peu de temps après son départ, il revint en France, chargé d'une mission par le commandant de l'expédition.

Puis il reçut l'ordre d'appareiller pour la Martinique : en route, il apprit la rupture qui venait d'éclater entre la France et l'Angleterre. Cet événement fournit au jeune officier l'occasion d'entreprendre une campagne nouvelle, aussi glorieuse que pleine de périls. Le bâtiment qu'il commandait fut chargé de surveiller le littoral des Etats-Unis, et de donner la chasse aux navires anglais.

Pendant une relâche à New-York, Jérôme Bonaparte reçut l'accueil le plus empressé de la haute société américaine ; le nom déjà illustre qu'il portait et son mérite personnel le firent rechercher de tous côtés. Dans le monde, il rencontra une jeune Américaine dont la beauté et la distinction le frappèrent vivement. Miss Paterson, fille d'un riche planteur des environs de Baltimore, ne tarda pas à partager la passion violente qu'elle avait inspirée au brillant officier. Un mariage vint unir sa destinée à celle de Jérôme, qui comptait à peine dix-neuf ans à cette époque (24 décembre 1803).

Dans les élans de cette passion juvénile,

Jérôme n'avait pas songé que sa qualité de mineur lui interdisait absolument de contracter un mariage sans l'autorisation de sa famille. Il apprit avec douleur la nullité de cette union qui comblait tous les vœux de son cœur.

En vain essaya-t-il de fléchir son terrible frère, qui, de premier Consul, avait été fait Empereur, de par son épée et la volonté nationale. Napoléon ne voulut rien entendre.

Dans le courant de l'année 1805, Jérôme Bonaparte revint en Europe sur le navire américain *Erin*, qui relâcha d'abord à Lisbonne. De cette ville, il se hâta d'accourir à Paris, pendant que sa femme se rendait à Amsterdam à bord du navire qui les avait amenés tous deux.

La présence du frère de l'Empereur n'ajouta rien à l'efficacité de ses prières. Les lois françaises frappaient de nullité le mariage, il fallut bien leur obéir. Miss Paterson n'obtint même pas l'autorisation de débarquer à Amsterdam. La jeune femme dut aller habiter l'Angleterre. Un mois après, le 7 juillet 1805, elle mettait au monde un fils, qui reçut les noms de Jérôme-Napoléon.

Jérôme rentra dès lors en pleine activité de service, et conquit un avancement rapide. Promu capitaine de vaisseau à la suite d'une mission dont il avait été chargé auprès du dey de Tunis, il ne tarda pas à obtenir le grade de contre-amiral.

Napoléon, désirant avoir son frère plus près de lui et sous sa direction immédiate, le fit passer dans l'armée de terre ; il le chargea d'aller commander un corps de Bavarois et de Wurtembergeois qui devait envahir la Silésie.

Nommé général de division, le 14 mars 1807, Jérôme Bonaparte ceignit bientôt une couronne, comme ses frères Joseph et Louis. Après la conclusion du traité de Tilsitt, il épousa la fille du roi de Wurtemberg, et Napoléon fonda le royaume de Westphalie pour lui donner un trône.

Le roi Jérôme fut un monarque doux et éclairé ; il essaya de faire le bonheur du pays qui avait accepté sa souveraineté. Comme son frère Louis en Hollande, il établit des institutions nouvelles, basées sur les principes que la France avait proclamés en 1789 ; malheureusement, dans les deux royaumes, les bonnes intentions des souverains devaient être paralysées par les restrictions que l'Empereur mit à leur pouvoir.

On l'a dit avec raison, les rois Joseph, Louis et Jérôme, ne furent jamais que des préfets couronnés.

Au commencement de la campagne de Russie, Napoléon confia le commandement d'un corps d'armée au roi de Westphalie. Le jeune souverain, malgré sa valeur, essuya un échec à Smolensk ; il n'en fallut pas davantage pour que l'Empereur lui retirât son commandement, et le reléguât à Cassel.

A la suite de cette désastreuse campagne de 1813, Jérôme fut forcé d'abandonner son royaume : les alliés étaient maîtres de toute l'Allemagne.

Au milieu des revers, il eut au moins le bonheur de conserver l'affection de sa femme et de son beau-père le roi de Wurtemberg. En 1814, ce prince offrit un asile aux deux époux dans ses propres Etats ; mais ils durent bientôt se réfugier en Italie pour se soustraire à la vengeance que les coalisés voulaient exercer sur tous les membres de la famille du grand homme.

La nouvelle foudroyante du retour de Napoléon vint surprendre le roi Jérôme dans sa retraite de Trieste ; comme ses autres frères, il se hâta d'accourir à Paris pour offrir ses services à l'Empereur.

Jérôme entra d'abord à la Chambre des Pairs, en qualité de prince français , mais il n'y fit pas un long séjour. Napoléon, qui avait su apprécier le mérite de son frère, malgré l'échec de Smolensk, l'emmena avec lui pour combattre la nouvelle coalition.

Jérômè fut un des héros de Waterloo; il se battit comme un lion jusqu'au dernier moment. Napoléon lui a rendu pleine justice dans ses Mémoires de Sainte-Hélène.

Cependant la cause impériale était définitivement vaincue ; Jérôme alla rejoindre sa femme dans le Wurtemberg . Le roi, son beau-père, lui donna un magnifique château pour résidence et le créa prince de Montfort.

En 1835, l'ex-roi de Westphalie fut douloureusement éprouvé par la mort de sa femme, dont il appréciait hautement l'affection et le dévouement absolu. Il continua à résider dans le Wurtemberg, mais il regrettait amèrement de ne pouvoir rentrer dans sa patrie; le sol de la France était interdit à tous les membres de la famille Bonaparte.

La révolution de 1848 vint enfin mettre à néant les arrêts de proscription. Jérôme vint à Paris, et le premier acte du prince Louis, son neveu, en arrivant à la présidence, fut de le nommer maréchal de France et gouverneur des Invalides.

Nul n'était plus digne que le frère de Napoléon, de garder les cendres vénérées du grand homme : le vaillant soldat de Waterloo pouvait seul être mis à la tête des glorieux débris de la grande armée.

La proclamation de l'Empire réintégra le maréchal Jérôme dans ses prérogatives de prince français. Après le coup d'État du 2 décembre 1851, il avait été élevé à la présidence du Sénat ; il dut résilier ces hautes fonctions qui étaient incompatibles avec sa qualité nouvelle.

Il n'y a pas bien longtemps que la mort est venue terminer cette existence si bien remplie. Le prince Jérôme a succombé le 24 juin 1860.

De son mariage avec la princesse Frédérique de Wurtemberg, Jérôme Bonaparte a eu trois enfants :

Jérôme, comte de Montfort, né en 1814 et mort en 1847, à Florence ;

Mathilde-Lœtitia-Wilhelmine, née le 27 mai 1820, mariée en 1841 au comte Anatole Demidoff; aujourd'hui princesse française ;

Napoléon-Joseph-Charles-Paul, né le 9 septembre 1822, marié le 30 janvier 1859 à la princesse Clotilde, fille de Victor-Emmanuel, roi d'Italie. Le prince Napoléon est aujourd'hui membre du Sénat, général dè division ; il a rang à la cour de prince français.

LA REINE HORTENSE

'La mère de l'Empereur Napoléon III vint au monde le 10 avril 1783 ; elle était fille du vicomte de Beauharnais et de Marie-Joséphine-Rose Tascher de la Pagerie qui fut plus tard Impératrice des Français.

Vers 1787, madame de Beauharnais, désirant revoir sa famille qui habitait la Martinique, s'embarqua pour cette île, elle emmenait avec elle sa jeune fille.

Deux ans plus tard éclatait la Révolution française, qui eut un immense retentissement dans nos colonies, et y produisit un bouleversement général. Les nègres de Saint-Domingue se soulevèrent, et bientôt leur exemple fut suivi à la Martinique. La popularité dont jouissait la famille de Beauharnais préserva ses membres des terribles représailles que les esclaves exercèrent contre leurs maîtres de la veille. M. de Beauharnais et sa fille purent s'embarquer pour la France.

Paris était alors en proie à toutes les fureurs révolutionnaires : les serviteurs de l'ancien régime, nobles ou roturiers, étaient impitoyablement sacrifiés à la vindicte populaire. M. de Beauharnais expia le crime de sa naissance : bien qu'il eût rendu d'éclatants services à la République, comme général de ses armées, il périt sur l'échafaud, le 24 juillet 1794.

Madame de Beauharnais avait fait de vaines tentatives pour sauver son mari ; elle faillit elle-même être victime de son courageux dévouement. Jetée dans la prison des Carmes, elle attendait, résignée, sa comparution devant le tribunal révolutionnaire, c'est-à-dire son arrêt de mort, quand survint brusquement l'écroulement de la Terreur, le 9 thermidor. Quelques jours après, la jeune veuve recouvrait sa liberté, grâce à l'intervention amicale de madame de Fontenay, qui fut plus tard madame Tallien.

Pendant la captivité de sa mère, Hortense avait été recueillie, ainsi que son frère Eugène, par la princesse de Hohenzollern-Sigmaringen, qui, réduite elle-même à quitter la France, plaça les deux enfants sous la sauvegarde d'une pauvre et excellente femme, nommée madame Lanoy.

Ainsi, les premières années de cette enfant, qui devait vivre un jour au sein des grandeurs les plus enviées, s'écoulèrent dans les larmes, le deuil et la terreur.

L'influence des amis de son mari permit à madame de Beauharnais de rentrer dans une partie de ses biens; elle put s'occuper de donner une éducation brillante à ses enfants. Hortense fut placée dans le pensionnat que dirigeait alors madame Campan, si célèbre depuis.

Peu de temps après, la veuve du généra Beauharnais devenait la femme d'un homm plus jeune qu'elle, mais qui avait déj conquis la célébrité : le 9 mars 1796, Jo séphine épousait le général Bonaparte.

Cependant Hortense acquérait rapidement une éducation complète, sous la direction de son excellente institutrice. De bonne heure, elle montra une aptitude extraordinaire pour les arts d'agrément. Joséphine voulut qu'on encourageât les heureuses dispositions de sa fille, mais elle ne cessa de recommander à madame Campan de ne pas négliger les travaux sérieux qui seuls peuvent former l'esprit et le cœur d'une jeune fille, et la préparer au rôle de femme et de mère qu'elle doit remplir un jour.

L'éclat de la fortune de Bonaparte rejaillit sur sa belle-fille sans qu'elle en fût éblouie. L'éducation de madame Campan avait porté ses fruits. Mademoiselle de Beauharnais avait déjà une maturité d'esprit extraordinaire : à travers les éblouissements du présent, elle entrevoyait vaguement les nuages sombres de l'avenir. « Mon beau-père, disait-elle, est une comète dont nous ne sommes que la queue; il faut le suivre sans savoir où il nous porte. Est-ce pour notre bonheur, ou pour notre malheur ? »

Après le 18 brumaire, le premier Consul était venu habiter le palais du Luxembourg avec sa femme et les deux enfants de celle-ci. Hortense devint la reine de la cour nouvelle qui se formait.

Douée de toutes les qualités du cœur et de l'esprit, rayonnante de jeunesse et de beauté, elle fut recherchée par les personnages les plus remarquables de l'époque. Mais la jeune fille n'avait pas encore songé au mariage. Appuyée, du reste, des conseils de madame Campan, elle refusa plusieurs alliances. Elle voulut s'en remettre à son beau-père, qui la chérissait tendrement, du soin de sa destinée future.

Bonaparte vit avec bonheur les dispositions de sa belle-fille ; depuis longtemps il avait formé le projet de cimenter plus fortement l'alliance qui existait entre sa famille et celle des Beauharnais. Il résolut d'unir sa belle-fille à son frère Louis, qui était alors colonel de dragons.

Le mariage eut lieu le 3 janvier 1802 ; mais, contrairement aux prévisions de madame Campan, les deux jeunes époux n'étaient pas faits l'un pour l'autre. « La

politique seule a fait ce mariage, a écrit
M. Mocquard ; mariage malheureux depuis,
comme la plupart de ceux auxquels elle
s'arroge le droit de présider seule. Nulle
sympathie de caractère entre les époux.
Chéris néanmoins et honorés, ils surent
s'entendre lorsqu'il fallut consacrer leur élévation par des bienfaits. »

Hortense avait alors seize ans, et son
mari entrait dans sa vingt-deuxième année ;
ils étaient trop jeunes tous deux pour que
la raison fût seule maîtresse de leurs intel-
ligences. A cet âge, le cœur parle en maître ; les convenances sociales ne sauraient
lui imposer un langage en contradiction
avec les sentiments qu'il éprouve.

La naissance de leur premier enfant, le
10 octobre 1802, vint cependant briser la
froideur des jeunes époux. L'amour filial
fut le trait d'union de ces deux âmes si
bien douées toutes deux, mais de qualités
différentes.

La proclamation de l'Empire fut la source
de nouvelles grandeurs pour tous les membres de la famille impériale. Louis reçut le
titre de prince français. Il eut, ainsi que

sa jeune femme, un des premiers ags à la cour.

Hortense ne se départit pas, au milieu des honneurs, des aimables qualités qui la distinguaient, comme l'atteste cette lettre que lui écrivait madame Campan : « J'ai remporté le plus doux souvenir de votre manière d'exister à Saint-Leu. Dignité sans faste, décence sévère sans affectation, gaieté, bonté, tout y est parfait, et à l'honneur du prince et de ma chère élève. »

Elle apprit avec une grande joie l'élévation de son frère, le prince Eugène, au titre de vice-roi d'Italie, et, peu après, son mariage avec la fille du roi de Bavière.

Hortense était très-sensible aux honneurs qui échéaient à ceux qu'elle aimait. Ce qu'elle prisait surtout dans un homme, c'étaient les nobles ardeurs de l'ambition et de la gloire.

Louis Bonaparte, au contraire n'aspirait qu'au repos. Il aimait l'étude avec passion. La guerre inspirait une invincible horreur à cette nature bienveillante. Aussi accueillit-il avec peine la proposition que lui fit Napoléon de fonder pour lui un royaume dans les pays conquis par nos armées; s'il accepta, ce fut surtout parce qu'il craignait que sa femme, et plus tard son fils ne vinssent lui reprocher d'avoir tout sacrifié à la satisfaction de ses goûts personnels.

La reine Hortense eut un grand serrement de cœur quand il fallut quitter Paris pour accompagner son mari dans le royaume de Hollande. Elle n'avait jamais été séparée de sa mère. Les deux princesses s'étaient partagé la noble tâche de venir en aide à toutes les infortunes. Leur popularité avait grandi sans cesse, basée qu'elle était sur la reconnaissance et l'amour du peuple.

Le roi et la reine de Hollande firent leur entrée à la Haye le 18 juin 1806. L'accueil enthousiaste qu'ils reçurent donna une force nouvelle au désir qu'ils éprouvaient de se consacrer au bonheur de leurs sujets.

Nous ne reviendrons pas sur l'administration du roi Louis. On sait qu'elle fut empreinte d'un tel caractère de justice et de modération que les sympathies de toutes les classes de la population lui furent rapidement acquises.

Quant à la reine, elle ne voulut pas démériter de son époux. Dès son avénement, elle s'occupa de bien connaître l'histoire et les mœurs du peuple hollandais, afin de diriger sa conduite dans la voie qui pouvait être le plus profitable à ses sujets.

Cependant la froideur qui avait toujours existé entre les deux époux dégénéra bientôt en mésintelligence complète. Le roi était morne et taciturne, la reine vive et enjouée ; ce qui plaisait à l'un déplaisait à l'autre. Il n'en faut pas davantage pour jeter le trouble dans un ménage : peu importent la qualité et le rang des époux, le résultat est toujours le même.

Le fragment suivant d'une lettre adressée pas l'Empereur à son frère, le 4 avril 1807, explique, mieux que nous ne pourrions le faire, la situation respective des deux époux :

« ..... Vous avez la meilleure femme et la plus vertueuse, et vous la rendez malheureuse. Laissez-la danser tant qu'elle veut, c'est de son âge. J'ai une femme de quarante ans ; du champ de bataille, je lui écris d'aller au bal ; et vous voulez qu'une femme de vingt ans, qui voit passer sa vie, qui en a toutes les illusions, vive dans un cloître, soit comme une nourrice, toujours à laver son enfant! Vous êtes trop dans votre intérieur et pas assez dans votre administration.

« Je ne vous dirais pas tout cela sans l'intérêt que je vous porte. Rendez heureuse la mère de vos enfants. Vous n'avez qu'un moyen, c'est de lui témoigner beaucoup d'estime et de confiance. Malheureusement, vous avez une femme trop vertueuse; si vous aviez une coquette, elle vous mènerait par le bout du nez; mais vous avez une femme fière, que la seule idée que vous puissiez avoir mauvaise opinion d'elle révolte et afflige. Il vous aurait fallu une femme comme j'en connais; elle vous aurait joué sous jambe et vous aurait tenu à ses genoux. Ce n'est pas ma faute, je l'ai souvent dit à votre femme. »

Sur ces entrefaites, un terrible malheur vint jeter la désolation dans la famille royale. Le prince héréditaire, Napoléon-Louis-Charles, fut emporté en quelques jours par une affreuse maladie, l'angine couenneuse. Nous ne saurions dépeindre la douleur

des malheureux parents ; la reine fut comme
ànéantie par ce coup imprévu, on craignit
un instant pour ses jours. Sa mère, l'Impératrice Joséphine, accourut en Hollande pour
lui prodiguer les consolations de sa tendresse.

Cependant la santé de la reine Hortense
avait été fortement ébranlée ; les médecins
décidèrent qu'il était nécessaire de l'éloigner
pendant quelque temps des lieux où elle
avait vu mourir son fils ; ils ordonnèrent en
même temps un voyage aux Pyrénées.

A quelque temps de là, le roi venait
rejoindre sa femme à Cauterets, puis il
rentrait dans ses Etats.

La reine Hortense ne put se résigner à
revenir en Hollande : le souvenir de son fils
mort était toujours présent à ses yeux ; elle
n'eut pas la force de l'affronter, privée
qu'elle était de la sympathie conjugale qui
allége tant la douleur ; elle préféra vivre
près de sa mère, avec ses deux enfants,
c'est-à-dire au centre de toutes ses affections.

Peu de temps après, le divorce qui frappa
si cruellement l'Impératrice Joséphine,

acheva d'éloigner la reine Hortense de son époux, pour la rapprocher de sa mère qu'elle aimait avec passion et qui avait besoin de ses consolations.

Dans cette pénible circonstance, la reine Hortense fut admirable de dévouement ; c'est elle qui servit d'intermédiaire entre l'Empereur et l'Impératrice ; elle voulut avoir sa part du douloureux sacrifice que Joséphine accomplissait pour assurer l'avenir de la dynastie impériale.

Peu de temps après, Marie-Louise d'Autriche devenait Impératrice des Français. Poussant l'abnégation et le dévouement à ses limites extrêmes, la reine Hortense assista au couronnement de celle qui prenait la place de sa mère. En qualité de reine de Hollande, elle dut tenir un des coins du manteau impérial ; le devoir de la souveraine imposa silence aux douloureux regrets de sa piété filiale.

Cependant le roi de Hollande se vit bientôt menacé de perdre la couronne, pour avoir pris trop au sérieux son rôle de souverain, et mis au-dessus de tout les intérêts du peuple confié à sa garde. La reine Hortense comprit que sa place était auprès de son mari ; elle voulut aller partager ses dangers ; mais, après un court séjour à Amsterdam, elle fut forcée de reconnaître qu'elle ne pourrait jamais franchir l'abîme qui la séparait du roi Louis. Le chagrin altéra rapidement sa santé, et il lui fallut reprendre encore le chemin de la France.

Désormais, elle passa presque tout son temps auprès de sa mère, à la Malmaison. Les deux princesses vivaient paisiblement au milieu d'une cour dont l'étiquette avait été rigoureusement bannie : reines déchues, elles ne comptaient plus que des amis sincères autour d'elles ; les courtisans avaient porté leurs pas du côté où l'on pouvait encore dispenser des titres et des places.

La reine Hortense n'éprouva pas une grande douleur en apprenant l'abdication du roi Louis. Fatiguée elle-même des honneurs, elle savait que son mari accueillerait presque avec bonheur la perte d'une royauté qu'il avait acceptée à regret. Délivrée de tous soucis de ce côté, elle se livra tout entière à la culture des beaux-arts et à l'instruction de ses enfants. On sait que la reine Hortense avait une éducation artistique très-développée : elle peignait avec beaucoup de talent et composait de la musique. Un des morceaux les plus remarquables que l'on connaisse d'elle, est cet air qui porte son nom et dont la France a fait son hymne national.

La malheureuse campagne de 1813 ramena bientôt les jours de tristesse. Profondément attachée à l'Empereur, la reine Hortense était en outre tourmentée de savoir son frère exposé à tous les dangers. Le prince Eugène avait été chargé par Napoléon de réunir les débris de l'armée de Russie et d'opposer une barrière à la marche des alliés ; on sait qu'il fut à la hauteur de la confiance que l'Empereur avait mise en lui.

Peu de temps après, une nouvelle douleur vint atteindre la malheureuse reine. Sa meilleure amie, la baronne de Broc, périt sous ses yeux, victime d'un horrible accident.

Mais les désastres de la France remplissaient cette âme généreuse d'une amertume telle, que c'est à peine s'il y eut place pour ses afflictions privées.

La conduite de la reine Hortense à l'approche des alliés, excita l'admiration de la France entière ; au dernier moment elle consentit à quitter Paris, et il fallut, pour la décider, l'ordre formel du roi Louis, qui lui enjoignait de venir rejoindre Marie-Louise à Blois.

« Je suis outrée de la faiblesse dont je viens d'être témoin, s'était-elle écriée en revenant du conseil de famille tenu aux Tuileries. Le croiriez-vous ? on part. C'est ainsi qu'on perd à plaisir et la France et l'Empereur ! Ah ! dans les grandes circonstances, les femmes seules ont du courage, je le sens. Je suis sans doute celle qui souffrirait le moins de la perte de toutes ces grandeurs ; mais je suis indignée de voir si peu d'énergie quand il en faudrait tant. Lorsque le sort nous a élevés et que les destinées d'un pays dépendent de la nôtre, c'est un devoir de se maintenir aussi haut que la fortune nous a placés. Quant à moi, ajouta-t-elle, je reste à Paris, je partagerai avec les Parisiens toutes les chances, bonnes ou mauvaises. »

La reine Hortense oubliait, dans l'élan de son patriotisme, qu'elle était mère. On lui fit remarquer qu'elle exposait ses enfants à tomber entre les mains de l'ennemi, qui, sans doute, les conserverait comme ôtages ; cette considération seule la décida à quitter Paris au moment même où les alliés arrivaient aux barrières.

La reine Hortense n'alla pas rejoindre Marie-Louise ; le devoir lui dicta la route qu'elle devait suivre : elle se rendit à Navarre, auprès de l'Impératrice Joséphine, sa mère.

Peu de temps après, les deux princesses rentraient à la Malmaison, où le czar Alexandre et le roi de Prusse vinrent les visiter à différentes reprises, rendant ainsi hommage au courage et à la dignité dont elles avaient fait preuve. Mais toutes ces émotions violentes épuisèrent les forces de l'Impératrice Joséphine, et la livrèrent sans défense aux atteintes de la maladie : une angine la conduisit au tombeau. Elle expira le 29 mai 1814.

Pendant les Cent-Jours, la reine Hortense fut l'amie fidèle de l'Empereur : après Waterloo, loin de déserter son poste, elle redoubla de soins et d'affections. Bannissant toute prudence, quand il s'agissait de payer une dette de reconnaissance, elle offrit à la Malmaison un dernier asile au grand homme qui l'avait comblée de bienfaits.

Quand Napoléon eut quitté le sol de la France, elle se retira en Suisse avec ses deux enfants ; après des tracasseries de toutes sortes, suscitées par les autorités locales, elle reçut l'ordre de se rendre à Constance, dans le grand-duché de Bade.

La reine eut la joie de revoir dans cette ville l'excellente princesse de Hohenzollern-Zigmaringen, qui avait protégé son enfance pendant les mauvais jours de la Terreur, alors que madame de Beauharnais était détenue dans la prison des Carmes.

Deux jours après, le prince Eugène vint lui-même embrasser sa sœur, qui alla lui rendre sa visite aux environs de Munich. La reine Hortense retourna ensuite à Constance, où elle vécut plusieurs années d'une existence calme et modeste.

Enfin, les autorités du canton de Thurgovie, en Suisse, l'ayant invitée à venir habiter ce coin de terre où elle serait entourée de tous les respects et de toutes les sympathies, la reine se fixa au château d'Arenenberg.

« C'est là, a dit M. Mocquard (1), que le repos qui fuyait la reine Hortense est venu la trouver, et que, partagée entre ses talents et ses vertus, elle charme l'exil par les arts, et s'efforce d'acquitter la dette de l'hospitalité par la bienfaisance. Là aussi, environnée de respect et d'estime, elle obtient une justice que ses compatriotes passionnés lui ont souvent refusée. Qu'elle attende; la vérité est une fille du temps. Le jour arrivera. Jusque-là, qu'elle laisse au public, qui en revient tôt ou tard, ses préventions passagères, satisfaite des témoignages de ceux qui l'ont assez approchée pour la juger, assez connue pour la chérir. Les auteurs, maladroits autant qu'injustes, en ont dit trop de mal pour n'en pas faire croire

_____

(1) *Revue de l'Empire*, 5e année (1846), pages 305 et suivantes.

du bien. Nous ne parlons pas ici de ces
agréments infinis, de ces qualités brillantes
qui ornent le mérite et ne le font pas. Le
véritable, pour une princesse, c'est d'avoir
été simple dans sa grandeur, courageuse
dans sa propre adversité, comme dévouée
dans celle des autres; secourable à toutes
les infortunes avec cet empressement qui
va les trouver, avec cette manière de répandre les grâces qui est comme un second bienfait, avec cette affabilité préve-
nante qui, sans jamais être un oubli du
rang, est l'art suprême de le faire pardonner. En un mot, elle peut rendre compte
d'une prospérité qu'elle n'a eue que pour
les autres, et la patrie seule excite ses regrets. Quant au trône et aux grandeurs
évanouies, elle dit souvent : « J'ai mieux
« que tout cela, j'ai encore des amis. »

Les événements politiques de 1830 occa-
sionnèrent de nouvelles afflictions au cœur
de cette reine si éprouvée déjà.

Son fils aîné qui, depuis 1815, avait été
rappelé par le roi Louis, et vivait à Florence
aux côtés de son père, mourut à Forli d'une
fluxion de poitrine.

Appelé, ainsi que son frère, par les patriotes italiens qui venaient de lever l'étendard de l'insurrection dans les Romagnes, le prince qui règne aujourd'hui sur la France, reçut le dernier soupir de l'aîné de sa famille. Poursuivi par les Autrichiens, le prince Louis dut chercher un refuge en France ; il vint à Paris accompagné de sa mère.

La reine Hortense fut accueillie avec bonté par le roi Louis-Philippe ; mais les nécessités de la politique ne permettaient pas le séjour en France de celui qui, par la mort de son frère, était devenu l'héritier direct de Napoléon. La reine et son fils furent contraints à chercher un asile en Angleterre.

On fit aux illustres proscrits l'accueil le plus distingué ; les plus grandes familles du royaume se disputèrent l'honneur de les recevoir. Peu de temps après, ils reçurent leurs passeports pour rentrer en Suisse, en traversant la France.

La reine Hortense ne retrouva pas longtemps à Arenenberg le calme dont elle avait joui pendant l'adolescence du dernier fils qui lui restait. Les événements de Strasbourg l'atteignirent dans ses affections les plus chères. A la première nouvelle de la captivité du prince Louis, elle accourut secrètement auprès de son amie la duchesse de Raguse, pour tâcher d'apprendre où était détenu l'illustre prisonnier.

Mais il lui fallut quitter la France sans avoir rien appris concernant le sort de son fils. Le prince avait été exilé aux Etats-Unis.

Cependant la malheureuse reine touchait au terme de ses épreuves : ce dernier coup avait été trop violent pour qu'elle pût le supporter. Elle expira le 5 octobre 1837, dans les bras du prince Louis, accouru d'Amérique pour recevoir les derniers embrassements de sa mère.

Les dépouilles mortelles de la reine Hortense furent amenées à Rueil, un mois plus tard, par M. le comte Tascher de la Pagerie, son cousin. L'inhumation eut lieu le 8 janvier 1838, au milieu d'un concours immense de personnes de tout rang, qui avaient voulu rendre un dernier hommage à cette excellente princesse.

Un mausolée fut inauguré, le 29 avril 1845, au-dessus de la tombe. La reine y était représentée dans l'attitude de la prière et presque entièrement couverte d'un voile. Le sculpteur florentin Bartolini, à qui avait été confiée cette statue, ne réussit pas son œuvre comme on était en droit de l'attendre d'un artiste aussi remarquable.

Devenu Empereur, le fils de la reine Hortense résolut d'élever à sa mère un monument plus digne d'elle : l'exécution en fut confiée à M. Barre, en même temps que l'on entreprenait une restauration complète de l'église de Rueil.

L'inauguration a eu lieu le 27 juin 1858, en présence de l'Empereur et de l'Impératrice.

La reine Hortense repose aux côtés de sa mère, l'Impératrice Joséphine ; elles sont unies dans la tombe, comme elles le furent pendant toute leur vie, et le peuple les confond dans un même culte d'amour et de reconnaissance.

ELISA BONAPARTE

PRINCESSE BACCIOCHI

L'aînée des sœurs de Napoléon s'appelait Marie-Anne; elle prit plus tard le nom d'Elisa, sous lequel nous la désignerons.

Née à Ajaccio le 3 janvier 1777, Elisa Bonaparte fut élevée au couvent noble de Saint-Cyr. Pendant la Révolution, elle vécut près de sa mère, d'abord en Corse, puis à Marseille, quand la famille Bonaparte se fut réfugiée dans cette ville.

Elle épousa, en 1797, Felice Pasqual

Bacciochi, descendant d'une famille noble de Corse, et vint habiter Paris auprès de son frère Lucien. La maison de madame Bacciochi fut bientôt le rendez-vous de toutes les personnes distinguées qui, au milieu des orages de cette époque, avaient conservé le culte de la poésie et des lettres. Parmi les hommes célèbres qui durent beaucoup à sa bienveillante protection, nous devons citer Chateaubriand et Fontanes.

Elisa Bonaparte eut sa part des honneurs dont Napoléon combla tous les membres de sa famille. Son mari fut créé prince de Lucques, Piombino, Massa-Carrara et Garfagnana.

En 1808, la princesse Bacciochi, élevée au rang de grande-duchesse de Toscane, se trouva investie de tous les pouvoirs d'une reine ; le prince, dominé par la supériorité d'intelligence et de caractère qui distinguait sa femme, lui abandonnait volontiers les rênes du gouvernement.

La Sémiramis de Lucques, comme on disait alors, profita de cette omnipotence pour faire beaucoup de bien à ses sujets.

Après la chute de l'Empire, la princesse Bacciochi vécut successivement à Bologne et à Trieste, sous le nom de comtesse de Compignano. Le mort vint la surprendre, le 7 août 1820, dans sa terre de Villa-Vicentina, non loin de Trieste; elle fut enterrée dans la chapelle de son palais.

La princesse de Lucques laissait deux enfants :

Frédéric-Napoléon Bacciochi, né en 1810, mourut à Rome, le 7 août 1833, des suites d'une chute de cheval;

Napoléone-Elisa Bacciochi. Cette princesse remarquable doit nous arrêter un instant. Nous ferons sa biographie plus loin, en même temps que celle des autres membres de la Famille Impériale actuelle.

PAULINE BONAPARTE

PRINCESSE BORGHÈSE

Marie-Pauline Bonaparte naquit à Ajaccio en 1781.

Douée d'une rare beauté, elle fut de bonne heure recherchée en mariage par plusieurs hommes éminents de l'époque, notamment par le conventionnel Fréron et le général Duphot, ce même officier intrépide qui devait être assassiné à Rome aux côtés de Joseph Bonaparte.

Pendant la campagne d'Italie, Pauline,

qui avait rejoint son frère à Milan, eut occasion de rencontrer le général Leclerc, qui s'éprit éperdument d'elle, demanda sa main et l'obtint.

Le général Leclerc était ambassadeur en Portugal quand éclata l'insurrection de Saint-Domingue (1801). Napoléon chargea son beau-frère d'aller la réprimer à la tête d'un corps de troupes, dont il lui confia le commandement. Pauline s'embarqua à Brest sur le vaisseau *l'Océan*, pour suivre son époux. Elle était déjà mère, à cette époque, d'un charmant enfant.

En septembre 1802, la ville du Cap, résidence de Leclerc et de sa famille, se vit soudainement attaquée par une armée de 10,000 insurgés. Tremblant pour sa jeune femme, le général voulut lui faire abandonner la ville, qui d'un moment à l'autre pouvait tomber au pouvoir des noirs. Pauline se refusa énergiquement à quitter son époux : « Vous pouvez pleurer, vous, dit-elle aux dames du Cap qui se désolaient à ses côtés, vous n'êtes pas, comme moi, sœurs de Bonaparte ! »

Cependant le danger devenait plus menaçant. Le général Leclerc ne pouvant vaincre la courageuse obstination de sa femme, la fit enlever malgré sa résistance et transporter à bord d'un vaisseau français.

A quelque temps de là, Pauline Bonaparte était veuve ; le général Leclerc succomba le 2 novembre 1802 : les fatigues de la campagne et l'insalubrité du climat avaient miné sa santé.

Un nouveau malheur vint frapper la jeune veuve à son retour en France : elle perdit son fils unique.

Un an plus tard, le 6 novembre 1803, Pauline Bonaparte contractait un second mariage, qui lui fut imposé par la politique de Napoléon. Le prince Borghèse, son nouvel époux, descendait d'une des plus illustres familles de l'Italie ; il venait de combattre sous le drapeau français, avec un enthousiasme qui lui avait conquis l'estime et l'amitié du premier Consul.

L'indépendance et la fermeté du caractère de la princesse Borghèse ne furent pas toujours du goût de l'Empereur. Habitué à voir tout plier devant lui, il admettait difficilement que les membres de sa famille pussent avoir d'autres idées que les siennes, ni surtout qu'ils prissent la liberté de les manifester.

Bientôt Pauline reçut l'ordre de ne plus paraître à la cour.

Ces rigueurs n'affaiblirent en rien l'affection et le dévouement de la princesse Borghèse. En 1814, elle alla partager l'exil de Napoléon à l'île d'Elbe.

Pendant les Cent-Jours, elle se rendit près de sa sœur Caroline, à Naples, puis à Rome. En apprenant le désastre de Waterloo, elle s'empressa d'envoyer tous ses diamants à Napoléon, — imitant en cela la conduite de la reine Hortense, — mais la voiture qui les portait fut saisie par les Anglais, et depuis l'on n'a jamais su ce qu'ils sont devenus.

Retirée à Rome, la princesse Borghèse vécut auprès de ses deux frères, Louis et Lucien, du cardinal Fesch, son oncle, et de Lætitia Bonaparte, sa mère.

Pauline songeait sans cesse à l'illustre martyr de Sainte-Hélène. Dès que lui vint la nouvelle de la maladie du grand homme, elle sollicita l'autorisation d'aller lui prodiguer ses soins. La mort rapide de Napoléon ne lui donna pas le temps d'accomplir ce pieux désir.

La princesse Borghèse est morte à Florence, le 9 juin 1825 ; elle ne laissait pas d'enfant ; son modeste héritage revint à ses frères Louis et Jérôme et à diverses fondations de bienfaisance.

CAROLINE BONAPARTE

PRINCESSE MURAT, REINE DE NAPLES

Marie-Annonciade-Caroline Bonaparte était la plus jeune sœur de Napoléon. Née à Ajaccio le 26 mars 1782, elle épousa, à l'âge de dix-huit ans, Joachim Murat, le brillant lieutenant de Napoléon.

La prodigieuse valeur de Murat, comme général, contribua, autant que sa qualité de beau-frère de l'Empereur, à lui faire conquérir rapidement tous les honneurs. On sait qu'il fut successivement maréchal de l'Empire, prince, grand-amiral, grand-duc de Berg, et enfin roi de Naples, quand Joseph Bonaparte abandonna ce royaume pour ceindre la couronne d'Espagne.

Le roi de Naples prit possession de ses Etats, au mois de septembre 1808, sous le nom de Joachim-Napoléon. L'Empereur voulait que toutes les couronnes vassales du sceptre impérial rappelassent ce nom, qu'il avait fait si glorieux.

A peine monté sur le trône, Murat vit la mésintelligence se glisser entre son illustre chef et lui : c'en était assez qu'il prît son rôle de souverain au sérieux pour que des difficultés de toutes sortes assaillissent son administration. Le roi de Naples ne pouvait servir les intérêts de son peuple sans nuire aux projets du fondateur de l'Empire : son histoire est celle de tous les frères de Napoléon qui reçurent une couronne de ses mains victorieuses.

Murat, revêtu de la dignité royale, ne voulut pas descendre au rang de préfet couronné.

Dans les circonstances difficiles qui résultèrent de cet état de choses inconciliables,

Caroline Bonaparte fut l'intermédiaire naturelle entre son frère et son époux ; mais le plus souvent ses tentatives conciliantes échouèrent devant le caractère intraitable des deux souverains.

La reine de Naples contribua beaucoup, par ses vertus, à la popularité dont jouit le roi Murat pendant tout le temps de son règne. Comme toutes les femmes de sa race, elle joignait à une rare élévation d'esprit les plus solides qualités du cœur : elle fut l'organisatrice d'une foule d'œuvres de bienfaisance, qui ont survécu pour la plupart et lui assurent à jamais la reconnaissance des Napolitains.

Les événements de 1813 et de 1814 amenèrent la chute de tous les trônes élevés par Napoléon. Murat voulut résister, mais il fut vaincu par les Autrichiens et obligé de s'enfuir dans une barque, pendant que la reine tombait entre les mains des Anglais.

Caroline Bonaparte trouva parmi nos ennemis l'accueil le plus sympathique.

On connaît la fin tragique de Murat. Après le désastre de Waterloo, il voulut tenter, à la tête de 250 hommes, la même aventure qui avait si bien réussi à Napoléon au retour de l'île d'Elbe. Un orage épouvantable dispersa sa flottille; jeté presque seul dans le golfe de Sainte-Euphémie, il persévéra dans sa folle entreprise. Le peuple s'empara de sa personne, et, trois jours après, le héros d'Austerlitz et de tant d'autres batailles était fusillé dans une salle du château de Piso.

La veuve de Murat prit le titre de comtesse de Lipona (anagramme de Napoli) et vint résider aux environs de Trieste. Plus tard, elle obtint du roi Louis-Philippe l'autorisation de séjourner en France, pendant plusieurs mois, pour y suivre quelques réclamations pécuniaires auxquelles on fit droit; puis, elle se retira à Florence.

C'est dans cette ville que mourut Caroline Bonaparte, le 18 mai 1839. Elle avait eu quatre enfants de son mariage avec Joachim Murat :

Napoléon-Achille Murat, né le 21 janvier 1801. Ce prince se retira aux Etats-Unis en 1821, et y épousa une nièce de Washington. Il mourut pauvre et considéré dans son petit domaine de Talahassée, le 15 avril 1847.

Napoléon-Lucien-Charles Murat, prince de la famille impériale. Il en sera question plus loin.

Lœtitia-Joséphine Murat, née le 25 avril 1802, épouse du comte Pepoli, de Bologne.

Louise-Julie-Caroline Murat, née le 22 mars 1805, mariée au comte Rasponi, de Ravenne.

NAPOLÉON III

EMPEREUR DES FRANÇAIS

I

Charles – Louis – Napoléon est né le 20 avril 1808 ; il est le troisième et dernier enfant du roi de Hollande, Louis Bonaparte, frère de l'Empereur Napoléon, et de la reine Hortense, fille de l'Impératrice Joséphine.

Il fut baptisé le 10 novembre de l'année de sa naissance, à Fontainebleau, par son.

oncle le cardinal Fesch. Napoléon Ier et l'Impératrice Marie-Louise le tinrent sur les fonts baptismaux.

Un sénatus-consulte du 28 floréal an XII régla l'ordre de succession dans la famille impériale; d'après les volontés de l'Empereur, le prince Charles-Louis était appelé à monter sur le trône dans le cas où ses oncles Napoléon et Joseph, et son frère aîné Napoléon-Louis viendraient à mourir sans héritiers.

Le roi Joseph n'ayant pas eu d'enfant mâle, la mort du duc de Reichstad et du prince Napoléon-Louis plaçait la couronne impériale sur la tête du dernier des fils de la reine Hortense. La volonté nationale, librement exprimée en novembre 1852, a confirmé les désirs de l'illustre fondateur de la dynastie impériale.

Par une singulière prévision, Napoléon Ier semble avoir nettement entrevu les destinées de sa famille, comme l'atteste ce fragment d'une de ses lettres : « J'espère que Louis-Napoléon grandira pour se rendre digne des destinées qui l'attendent. »

A une époque antérieure, n'avait-il pas dit publiquement, après avoir embrassé le jeune prince qui jouait entre ses genoux : « C'est peut-être l'espoir de ma race! »

Les premières années du prince Louis s'écoulèrent à Paris, sous les yeux de sa mère et aux côtés de Napoléon Ier, qui aimait beaucoup cet enfant, et voulut s'occuper lui-même de son éducation. L'Empereur fut un de ses premiers maîtres; il éprouvait un véritable plaisir à lui faire répéter les fables de La Fontaine.

A cette époque, la France impériale avait atteint l'apogée de sa gloire; mais, parvenue au faîte, il lui fallut redescendre. L'élévation prodigieuse de Napoléon donna à sa chute une rapidité vertigineuse : en moins de deux ans l'édifice s'écroula avec un fracas immense, qui consterna ceux même qui l'avaient abattu.

Dans les Cent-Jours, le prince Louis avait donné à son oncle une preuve de tendresse dont le grand homme fut profondément touché. C'était au moment où l'Empereur allait entreprendre la fatale campagne qui aboutit à Waterloo. L'enfant s'était jeté dans ses bras, et ne voulait plus le quitter : « O mon cher oncle ! s'écriait-il en pleurant, c'est que les méchants alliés veulent vous tuer ! Oh ! laissez-moi aller, mon oncle, laissez-moi aller avec vous ! »

En faisant la biographie de la reine Hortense ; nous avons raconté sa sortie de France, après la chute de l'Empire, et les difficultés qu'elle éprouva à trouver un asile pour elle et ses deux enfants.

L'éducation du prince Louis fut confiée d'abord à l'abbé Bertrand, et plus tard à M. Lebas. Dès l'âge le plus tendre, le prince manifesta une disposition extraordinaire pour le métier des armes ; il obtint de suivre les manœuvres de l'école d'artillerie de Thünn, dirigée par le général Dufour.

Une lettre de la reine Hortense va, du reste, nous renseigner à ce sujet :

« Mon fils, écrivait-elle, est encore occupé avec les élèves de Thünn à faire des excursions militaires dans les montagnes. Ils font dix à douze lieues par jour, à pied et le sac au dos. Ils ont couché sous la tente au pied d'un glacier. »

Cette rude éducation physique n'empêchait pas le prince de se livrer avec ardeur à l'étude ; comme son oncle, il affectionnait particulièrement les mathématiques et l'histoire.

La vie politique du prince Louis commence en 1830.

La chute de la branche aînée des Bourbons fut le signal, dans toute l'Europe, d'une grande manifestation libérale contre l'état de choses qui était résulté des traités de 1815.

Le prince Louis fit ses premières armes dans les Romagnes ; il combattit aux côtés de son frère, dans les rangs des patriotes italiens. On sait que les Autrichiens vinrent promptement à bout de ce mouvement révolutionnaire, qui coûta la vie au prince Napoléon-Louis.

Traqué lui-même de tous côtés, le dernier survivant des fils du roi de Hollande parvint à s'échapper d'Italie, avec un passeport anglais. Mais le chagrin et la fatigue avaient gravement altéré sa santé ; sa mère, alarmée, crut qu'un séjour en France le rétablirait promptement. Bravant les édits de proscription, elle accompagna son fils jusqu'à Paris ; c'est alors qu'elle eut avec le roi Louis-Philippe l'entrevue dont nous avons parlé.

On sait que le ministère exigea le prompt éloignement de la reine Hortense et de son fils ; déjà le parti bonapartiste se remuait autour de l'héritier de Napoléon.

Pendant le court séjour qu'il fit en Angleterre, le prince Louis étudia les mœurs et la constitution de ce pays ; prévoyant le grand rôle qu'il était appelé à remplir, il ne négligeait aucune occasion de s'instruire.

A peine de retour au château d'Arenenberg, il reçut des patriotes polonais une adresse qui l'invitait à venir se mettre à la tête de l'insurrection projetée contre la Russie. Le prince refusa le commandement, mais il offrit de partir comme volontaire ; il allait même se mettre en route, quand la prise de Varsovie vint anéantir les espérances de la Pologne.

A cette époque, le prince Louis fit de vaines tentatives auprès du gouvernement de Louis-Philippe pour être réintégré dans ses droits de citoyen français ; on ne répondit même pas à sa demande. Pour calmer les douleurs de l'exil, il se mit au travail avec ardeur, et commença une série de publications d'économie sociale et politique, qui attirèrent sur lui l'attention de toute l'Europe ; à cette époque parut son *Traité d'artillerie*, livre classique encore de nos jours. Justement fière de l'hôte qu'elle abritait, la Suisse lui conféra le titre de citoyen et le nomma capitaine d'artillerie.

En 1835, les journaux ayant répandu le bruit que le prince Louis-Napoléon avait refusé le trône de Portugal, en même temps que la main de la jeune reine, le prince rédigea une protestation dont nous extrayons les passages suivants :

« La belle conduite de mon père qui abdiqua en 1810, parce qu'il ne pouvait allier les intérêts de la France à ceux de la Hollande, n'est pas sortie de mon esprit. Mon père m'a prouvé, par son grand exemple, combien la patrie est préférable à un trône étranger. Je sens, en effet, que, habitué dès mon enfance à chérir mon pays par-dessus tout, je ne saurais rien préférer aux intérêts français.

« Persuadé que le grand nom que je porte ne sera point toujours un titre d'exclusion aux yeux de mes compatriotes, puisqu'il leur rappelle quinze années de gloire, j'attends avec calme, dans un pays hospitalier et libre, que le peuple rappelle dans son sein ceux qu'exilèrent, en 1815, douze cent mille étrangers. Cet espoir de servir un jour la France comme citoyen et comme soldat fortifie mon âme et vaut à mes yeux tous les trônes du monde. »

Le prince Louis cherchait en vain dans le travail des distractions au chagrin qu'il éprouvait de ne pouvoir servir la France et d'en être banni. Une lettre de la reine Hortense, adressée à M. Belmontet, témoigne éloquemment des souffrances morales de l'illustre exilé :

« La résignation est la vertu des femmes et le courage celle des mères. Je ne me plaindrais pas si mon fils, à son âge, ne se trouvait privé de toute société et complétement isolé, sans autre distraction que le travail assidu auquel il s'est voué. Son courage et sa force d'âme égalent sa pénible et triste destinée. Quelle nature généreuse!

Quel bon et digne jeune homme ! Je l'admirerais si je n'étais sa mère. Je suis bien fière de l'être. Je jouis autant de la noblesse de son caractère que je souffre de ne pouvoir donner à sa vie plus de douceur. Il était né pour de belles choses, il en était digne.... Nous avons le projet d'aller passer deux mois à Genève : du moins, il entendra parler français ; ce sera une agréable distraction pour lui. La langue maternelle, n'est-ce pas déjà la patrie ? »

Cependant la mort du duc de Reichstadt, survenue en 1832, avait concentré toutes les espérances du parti bonapartiste sur le prince Louis, héritier légitime de Napoléon ; de tous les points de la France, il reçut des adresses remplies des plus ardentes sympathies. On l'invitait à marcher en avant, lui promettant un accueil enthousiaste de la part de la nation.

A la fin d'octobre 1836, le prince Louis résolut de tenter un mouvement. Le colonel Vaudrey, qui commandait l'artillerie à Strasbourg, se portait garant des bonnes dispositions de la garnison. La révolution devait se faire d'elle-même, sans effusion de sang.

Le 30 au matin, le prince, accompagné du colonel Vaudrey et de quelques amis, M. de Persigny, M. Lasty et le commandant Parquin, se présente devant la garnison de Strasbourg. Il est accueilli par les artilleurs aux cris répétés de : *Vive l'Empereur !* Mais les soldats d'infanterie, trompés par leurs chefs, qui traitent le prince d'imposteur, et feignent de ne pas reconnaître en lui le neveu de Napoléon, les soldats se refusent à le suivre....

Le prince et ses amis sont faits prisonniers.

Quinze jours après, Louis Bonaparte fut violemment embarqué sur l'*Andromède*, qui le transporta aux États-Unis. Le jury acquitta tous ses partisans.

Un an plus tard, le prince était de retour à Arenenberg. Bravant tous les dangers, il venait recueillir les derniers baisers de sa mère expirante.

Instruit de son retour, le gouvernement français fit de vains efforts pour le faire expulser du canton de Turgovie. La Suisse refusa de bannir celui à qui elle avait spontanément donné le droit de cité.

Profondément touché de la conduite de cette généreuse nation, Louis-Napoléon ne voulut pas que sa présence fût une cause de danger pour elle ; il la remercia de son hospitalité et se rendit en Angleterre. Il y fut rejoint bientôt par son oncle Joseph Bonaparte, l'ex-roi d'Espagne.

C'est alors que le prince Louis publia les *Idées napoléoniennes*, qui eurent un immense retentissement dans toute l'Europe : les pensées généreuses dont ce livre est rempli conquirent des partisans nouveaux au représentant de la cause impériale.

Cependant le temps n'était pas encore venu où cette cause devait triompher. Le prince le crut cependant ; déplorant l'état d'abaissement dans lequel la France se trouvait plongée, il pensait que ses angoisses patriotiques étaient partagées par la nation tout entière.

La faiblesse de son gouvernement avait fait reléguer notre pays au second rang des puissances de l'Europe ; on ne daignait même plus le consulter dans les grandes questions internationales qui intéressaient sa prospérité autant que son honneur.

Le prince Louis-Napoléon tenta une seconde fois de renverser le trône de juillet.

Nous empruntons à M. E. Muraour le récit des événements qui vont suivre (1) :

« Louis-Napoléon fréta un bateau à vapeur, le *Château-d'Édimbourg*, et il s'embarqua le 3 août 1840 ; le mauvais temps ne lui permit d'aborder que le 6 à 3 heures du matin à la plage de Vimereux. On devait de là se diriger sur Boulogne. A cinq heures du matin, il se présenta à la caserne de la ville, accompagné de M. de Persigny, du général Montholon, du docteur Conneau, de MM. de Mesonan, Bataille, de Montauban, Laborde, Forestier, Ornano, Bacciochi et de quelques autres encore. La caserne était occupée par le 42ᵉ de ligne. M. Aladenize, un officier aussi brave que dévoué, lieutenant dans ce régiment, attendait le prince ; il le présenta aux soldats, qui poussèrent des vivats frénétiques. En même temps que la population civile de Boulogne lui prodiguait les mêmes signes

Histoire de la Famille Impériale, par E. Muraour. 1 vol. in-18. Alfred Duquesne, éditeur, 16 rue Hautefeuille, Paris.

d'enthousiasme et de sympathie que naguère la population de Strasbourg lui avait prodigués d'une façon si spontanée et si généreuse. Cette fois encore le prince crut sa cause gagnée; mais cette fois encore le sort devait en décider autrement.

« La capitaine Col-Puygelier, commandant les deux compagnies du 42e, est averti de ce qui se passe; il accourt, harangue les soldats, qui d'abord le repoussent; il insiste avec énergie, et il parvient à en entraîner quelques-uns. Alors un lutte s'engage; bientôt le prince est forcé de défendre sa personne. Il tenait un pistolet; il lâche par mégarde la détente, le coup part et la balle va frapper un grenadier qu'elle blesse légèrement. A partir de ce moment, la mêlée devient plus grande; il y avait pour Louis-Napoléon un danger inutile à rester plus longtemps dans cette situation. Il sort de la caserne, toujours suivi de ses amis; il se dirige vers la ville haute; les portes sont fermées et elles résistent; déjà la gendarmerie, la garde nationale, la troupe étaient arrivées en armes sur le lieu de l'action, tout était perdu; il fallait songer à la retraite, mais le prince voulait mourir en France, tant l'exil lui apparaissait amer. Ses amis l'entraînèrent au rivage, le firent monter dans une embarcation qui devait le conduire à bord du *Château-d'Edimbourg*, qui attendait à un kilomètre de la plage. La barque chavira, il fallut se sauver à la nage ; la garde nationale tira sur cette troupe héroïque et désarmée. Louis Napoléon fut atteint de trois balles, deux de ses amis furent tués auprès de lui. Cependant on avait mis des canots à la mer, on rejoignit le prince et ses compagnons, qui étaient bien près d'atteindre leur navire, et on les fit tous prisonniers.

« Louis-Napoléon fut renfermé au château de Boulogne. On le dirigea bientôt vers Paris sous bonne escorte ; à Paris, on l'écroua à la Conciergerie et on le plaça dans la cellule où avaient déjà été renfermés Marie-Antoinette, Philippe d'Orléans, le maréchal Ney. »

Bientôt on instruisit le procès du prince. Le 26 septembre 1840, il comparut devant la cour des Pairs, sous l'inculpation de rébellion à main armée contre le souverain de la France. On avait soustrait sa cause à la juridiction régulière, parce que l'on savait qu'un jury l'eût acquitté, comme il avait acquitté ses partisans après l'affaire de Strasbourg.

Le prince présenta lui-même sa défense dans des termes remplis de modération et de dignité. Nous reproduisons ici quelques fragments de cette remarquable plaidoirie, parce que nous y voyons, en même temps, une véritable profession de foi, un exposé de principes très-franc et très-net.

« Pour la première fois de ma vie, disait-il, il m'est enfin permis d'élever la voix en France et de parler librement à des Français. . . . .

. . . .

« Sans orgueil comme sans faiblesse, si je rappelle les droits déposés par la nation dans les mains de ma famille, c'est uniquement pour expliquer les devoirs que ces droits nous ont imposés à tous.

« Depuis cinquante ans que le prinde la souveraineté du peuple a été consacré en France, par la plus puissante révolution qui se soit faite dans le monde, jamais la volonté nationale n'a été proclamée aussi solennellement, n'a été constatée par des suffrages aussi nombreux et aussi libres, que pour l'adoption des constitutions de l'Empire.

« La nation n'a jamais révoqué ce grand acte de sa souveraineté et l'Empereur l'a dit: *Tout ce qui a été fait sans elle est illégitime.* Aussi gardez-vous de croire que, me laissant aller au mouvement d'une ambition personnelle, j'ai voulu tenter en France, malgré le pays, une restauration impériale. J'ai été formé par de plus hautes leçons et j'ai vécu sous de plus nobles exemples.

« Je suis né d'un père qui descendit du trône sans regret, le jour où il ne jugea plus possible de concilier avec les intérêts de la France les intérêts du peuple qu'il avait été appelé à gouverner.

« L'Empereur, mon oncle, aima mieux abdiquer l'Empire que d'accepter, par des traités, les frontières restreintes qui devaient exposer la France à subir les dédains et les menaces que l'étranger se permet aujourd'hui. Je n'ai pas respiré un jour dans l'oubli de tels enseignements. La proscription imméritée et cruelle qui, pendant vingt ans, a traîné ma vie des marches du trône sur lesquelles je suis né, jusqu'à la prison d'où je sors en ce moment, a été impuissante à irriter comme à fatiguer mon cœur ; elle n'a pu me rendre étranger un seul jour à la gloire, aux droits, aux intérêts de la France. Ma conduite, mes convictions s'expliquent.

« Lorsqu'en 1830, le peuple a reconquis sa souveraineté, j'avais cru que le lendemain de la conquête serait loyal comme la conquête elle-même, et que les destinées de la France étaient à jamais fixées. Mais le pays a fait la triste expérience des dernières années. J'ai pensé que le vote de quatre millions de citoyens, qui avait élevé ma famille, nous imposait au moins le devoir de faire appel à la nation et d'interroger sa volonté. J'ai cru même que si, au sein du congrès national que je voulais convoquer, quelques prétentions pouvaient se faire entendre, j'avais le droit d'y réveiller les souvenirs éclatants de l'Empire, d'y parler du frère aîné de l'Empereur, de cet homme vertueux qui, avant moi, en est le digne héritier, et de placer en face de la France, aujourd'hui affaiblie, passée sous silence dans le congrès des rois, la France d'alors, si forte au dedans, au dehors si puissante et si respectée. La nation eût répondu : République ou Monarchie, Empire ou Royauté. De sa libre décision dépend la fin de nos maux, le terme de nos discussions.

. . . .

« Un dernier mot, Messieurs; je représente devant vous un principe, une défaite, une cause. Le principe, c'est la souveraineté du peuple ; la cause, celle de l'Empire ; la défaite, Waterloo ! le principe, vous l'avez reconnu ; la cause, vous l'avez servie; la défaite, vous avez voulu la venger. Non, il n'y a pas désaccord entre vous et moi, et je ne veux pas croire que je puisse être dévoué à porter la peine des défections d'autrui.

« Représentant d'une cause politique, je ne puis accepter, comme juge de mes volontés et de mes actes, une juridiction politique. Vos formes n'abusent personne dans la lutte qui s'ouvre, il n'y a qu'un vainqueur et un vaincu. Si vous êtes les hommes du vainqueur, je n'ai pas de justice à attendre de vous, et je ne veux pas de générosité. »

Louis-Napoléon fut défendu par Berryer et par M. Ferdinand Barrot. La cour des Pairs formula un jugement qui était fait d'avance ; elle ne voulut cependant pas appliquer la loi dans toute sa rigueur : le prince échappa à la mort, mais ce fut tout.

Condamné à la détention perpétuelle dans une forteresse du royaume, le prince Louis fut transporté au fort de Ham, le 6 octobre 1840.

Alors commença pour le prince une longue période de souffrances, qu'il a lui-même dépeintes avec éloquence :

« Un tel système de terreur a été mis en œuvre dans la garnison et parmi les employés du château, que nul n'ose lever les yeux sur moi et qu'il faut ici à un homme beaucoup de courage pour être simplement poli. Comment en serait-il autrement lorsqu'un regard est considéré comme un crime et que ceux qui voudraient adoucir ma position sans manquer à leur devoir sont dénoncés à l'autorité et menacés de perdre leur place ? Au milieu de cette

France que le chef de ma famille a rendue
si grande, je suis traité comme l'était un
excommunié au treizième siècle. Chacun
fuit à mon approche et l'on semble redouter
mon contact, comme si mon souffle même
était contagieux. »

De fidèles amitiés ne lui faillirent pas en
ces tristes circonstances : M. le docteur
Conneau et M. de Montholon partageaient
avec lui sa captivité. La détention volontaire
de ces hommes de cœur fut pour Louis-
Napoléon en même temps qu'un adoucis-
sement à ses maux, une confirmation
nouvelle de la noblesse de la cause qu'il
représentait.

Cinq années s'écoulèrent ainsi.

Vers la fin de 1845, une douloureuse
nouvelle parvint au prince : son père, le roi
Louis de Hollande, retiré à Florence depuis
1815, touchait à son dernier instant : il
voulait revoir son fils bien-aimé avant de
mourir.

Louis-Napoléon demanda vainement au
gouvernement de Louis-Philippe l'autorisation de se rendre auprès du mourant.
On parut un instant accéder à sa demande,

mais on demandait en échange des con-
cessions tellement exorbitantes, que le
prince ne pouvait les accepter sans avilir
son caractère. C'est alors qu'il songea à
conquérir par une évasion la liberté d'aller
fermer les yeux de son père.

Louis-Napoléon fut puissamment aidé
dans cette circonstance par le docteur Conneau et par Charles Thélin, son valet de
chambre : c'est au dévouement absolu de
ces deux hommes qu'il dut son salut.

« Le 25 mai 1846, raconte M. Guy,
Charles Thélin avait eu soin de retenir à
Ham un cabriolet pour le lendemain, pré-
textant un voyage à faire à Saint-Quentin.
Deux jours avant, le 23 du même mois, des
voyageurs anglais étant venus rendre visite au prince dans sa prison, lui avaient,
sur sa demande, prêté leurs passeports.

Le 26, à sept heures du matin, Louis-
Napoléon, après avoir coupé ses moustaches
et son impériale, s'être noirci avec de la
peinture les mains et le visage, passa par-
dessus son gilet une grosse chemise de
toile coupée à la ceinture, se couvrit d'une
blouse et d'un pantalon bleus, plaça sur sa

tête une perruque noire et une mauvaise casquette, chaussa des sabots, mit dans sa bouche une pipe de terre et posa une planche sur son épaule comme font les menuisiers. Malgré le danger qu'il pouvait y avoir à garder sur lui des papiers qui dénonçaient son identité, il n'avait pas voulu se séparer de deux lettres, l'une de sa mère, l'autre de l'Empereur. On comprendra l'importance religieuse qu'il attachait à celle-ci, quand on saura qu'elle renfermait un passage ainsi conçu : « J'espère que Louis-Napoléon grandira pour se rendre digne des destinées qui l'attendent. » C'était de lui qu'il s'agissait.

Ainsi vêtu en ouvrier, le prince descendit l'escalier qui conduisait à son appartement, précédé de Charles Thélin qui avait demandé la veille au commandant du fort la permission de sortir pour aller à Saint-Quentin ; tenant sa planche de manière à masquer son visage, il traversa les cours, la loge du concierge et franchit enfin la dernière grille, non sans avoir risqué plusieurs fois d'être reconnu, durant ce court trajet, tantôt par les sentinelles, tantôt par les ouvriers employés depuis quelques jours au château, pour des travaux de réparations.

Trois jours après, Louis-Napoléon était en Angleterre. Son premier acte fut d'écrire à l'ambassadeur de France, M. de Saint-Aulaire, que désormais il ne recommencerait plus de tentatives contre son gouvernement. Le prince espérait par cette démarche généreuse hâter la délivrance des amis qu'il avait laissés en prison.

Libre enfin, Louis-Napoléon put songer à se rendre aux vœux de son père; mais l'ambassadeur de Toscane refusa de lui délivrer des passeports pour Florence, sous prétexte que son gouvernement ne pouvait braver impunément les remontrances du cabinet français.

Deux mois après, le 25 juillet 1846, Louis Bonaparte s'éteignait dans l'exil, sans avoir pu adresser à son fils unique un suprême adieu.

La mort du roi de Hollande et celle du roi Joseph, frère aîné de Napoléon, survenue un an auparavant, accumulaient sur la tête du prince Louis-Napoléon toutes les espérances du parti bonapartiste. Le moment du triomphe ne se fit plus longtemps attendre.

Le 24 février 1848, le trône vermoulu de Louis-Philippe s'écroulait presque de lui-même : la révolution s'accomplit sans secousses graves, parce qu'elle était toute faite, et depuis longtemps, dans les esprits.

En apprenant que la république venait d'être proclamée dans sa patrie, Louis-Napoléon se hâta de demander la révocation des édits de proscription qui frappaient sa famille ; en même temps il annonçait son arrivée en France.

Quel ne fut pas l'étonnement du prince en apprenant que le gouvernement républicain entendait le maintenir dans l'exil ! Il se résigna cependant, et, sur le point de regagner l'Angleterre, il adressa aux membres du gouvernement provisoire la belle lettre qu'on va lire :

« Après trente-trois années d'exil et de persécutions, je croyais avoir acquis le droit de retrouver un foyer sur le sol de la patrie. Vous pensez que ma présence, à Paris, est maintenant un sujet d'embarras ; je m'éloigne momentanément. Vous verrez dans ce sacrifice la pureté de mes intentions et de mon patriotisme. »

Peu de jours après, la France protestait contre la conduite du gouvernement, en nommant le prince Louis-Napoléon représentant du peuple : quatre départements, la Seine, l'Yonne, la Sarthe et la Charente-Inférieure, l'envoyaient à la Chambre. Déjà divers membres de la famille de Napoléon avaient reçu du pays le même témoignage de confiance : c'était Napoléon Bonaparte, fils du roi Jérôme, Pierre Bonaparte et Lucien Murat.

Le 13 juin 1848, l'assemblée fut appelée à se prononcer sur l'élection de Louis-Napoléon ; malgré une ardente opposition, elle fut validée. Cependant la commission exécutive ne se tint pas pour battue ; elle donna l'ordre aux divers délégués du pouvoir dans les départements d'arrêter Louis-Napoléon, s'il se présentait sur le territoire de la France.

Le prince comprit qu'il ne pouvait faire valoir ses droits, sans causer des complications nouvelles dans les affaires publiques ; il préféra donner sa démission, en attendant que le calme se fût rétabli dans notre malheureux pays.

Ce moment ne tarda pas à arriver. Aux élections nouvelles de septembre, Louis-Napoléon se présenta devant les électeurs; cinq départements l'envoyèrent à la Chambre : la Seine, l'Yonne, la Charente-Inférieure, la Moselle et la Corse. L'héritier de Napoléon obtint enfin de siéger dans la chambre française : ses collègues l'accueillirent par des bravos unanimes.

Trois mois plus tard, le 10 décembre 1848, le suffrage universel appelait le prince Louis-Napoléon à la présidence de la république : 5,434,226 voix s'étaient élevées en sa faveur.

II

LA PRÉSIDENCE

Dès son entrée au pouvoir, le présiden s'efforça de rétablir la confiance dans l pays, en favorisant le travail sans lequel l'ordre n'est pas possible ;. le bien-être du peuple fut l'objet de toute sa sollicitude.

Cependant les partisans de l'anarchie ne purent se résigner à un état de choses qui anéantissait tous leurs projets ambitieux. Un complot fut tramé contre la personne du président; il ne s'agissait de rien moins que de le jeter en prison avec tous les membres de sa famille, et d'arborer le drapeau rouge à la place du drapeau tricolore.

Le mouvement projeté avorta, grâce aux mesures prises par M. Rebillot, préfet de police.

A peu de temps de là, une nouvelle tentative d'insurrection eut lieu à propos des événements de Rome. Le président de la république avait envoyé le général Oudinot à la tête d'un corps de troupes pour rétablir dans ses Etats le Saint-Père, dont une bande d'aventuriers avait renversé le pouvoir.

La population parisienne ne répondit pas aux avances des émeutiers, qui durent se disperser sans avoir combattu. L'attitude du président dans cette circonstance fut admirable de sang-froid et d'intrépidité ; il parcourut les quartiers où les insurgés avaient dressé leurs batteries. Partout il fut accueilli par les marques de la plus chaude sympathie.

Sur ces entrefaites, la France fut douloureusement froissée en voyant le gouvernement pontifical qu'elle avait rétabli oublier ses promesses de la veille et retomber dans toutes les erreurs du passé. C'est à ce propos que le prince président écrivit à M. Edgard Ney, son aide de camp, une lettre restée célèbre.

Il est fait si souvent allusion à cette lettre que nous croyons devoir mettre le texte sous les yeux de nos lecteurs :

« La République française, disait le président, n'a pas envoyé une armée à Rome pour y étouffer la liberté italienne, mais, au contraire, pour la régler en la préservant de ses propres excès, et pour lui donner une base solide, en remettant sur le trône pontifical le prince qui s'était placé hardiment à la tête de toutes les réformes utiles.

« J'apprends avec peine que les intentions

bienveillantes du Saint-Père, comme notre propre action restent stériles en présence de passions et d'influences hostiles. On voudrait donner comme base à la rentrée du pape la proscription et la tyrannie. Dites de ma part au général Rostolan, qu'il ne doit pas permettre qu'à l'ombre du drapeau tricolore, on commette aucun acte qui puisse dénaturer le caractère de notre intervention.

« Je résume ainsi le rétablissement du pouvoir temporel du pape : amnistie générale ; sécularisation de l'administration, code Napoléon et gouvernement libéral.

« J'ai été personnellement blessé, en lisant la proclamation des trois cardinaux, de voir qu'il n'était pas même fait mention du nom de la France, ni des souffrances de nos braves soldats.

« Toute insulte faite à notre drapeau ou à notre uniforme me va droit au cœur, et je vous prie de bien faire savoir que, si la France ne vend pas ses services, elle exige qu'on lui sache gré de ses sacrifices et de son abnégation. Lorsque nos armées firent le tour de l'Europe, elles laissèrent partout, comme trace de leur passage, la destruction des abus de la féodalité et des germes de liberté : il ne sera pas dit qu'en 1849, une armée française ait pu agir dans un autre sens, ni amener d'autres résultats.

« Dites au général de remercier, en mon nom, l'armée de sa noble conduite. J'ai appris avec peine que, physiquement même, elle n'était pas traitée comme elle devait l'être. Rien ne doit être négligé pour établir convenablement nos troupes.

« Recevez, mon cher Ney, l'assurance de ma sincère amitié.

« LOUIS-NAPOLÉON BONAPARTE. »

Le calme étant définitivement rétabli dans la capitale, le prince-président concentra tous ses efforts vers l'accomplissement des travaux d'utilité publique ; en même temps, il favorisait le commerce et l'industrie, qui avaient tant souffert des dernières commotions politiques.

Le prince entreprit à cette époque un voyage dans le nord de la France : ce fut pour lui l'occasion de mesurer toute l'étendue des sympathies que les populations avaient vouées à sa personne.

Il voulut revoir ce fort de Ham où il avait si tristement passé cinq années de sa vie; mais l'amertume de ses souvenirs dut être singulièrement affaiblie par la pensée que son âme avait grandi par le malheur, et qu'il avait noblement employé le temps de sa détention à préparer les grandes choses qu'il devait accomplir.

De retour à Paris, le prince-président eut une nouvelle occasion de prouver l'intrépidité et le dévouement dont il était capable dans l'exercice de ses hautes fonctions.

Le choléra s'était abattu sur Paris et y faisait les plus grands ravages. Louis-Napoléon visita les établissements hospitaliers, s'arrêtant au lit des moribonds et prodiguant à tous des paroles de consolation. Son exemple ranima les courages abattus; son dévouement fit naître d'autres dévouements, et tous les hommes de cœur unirent leurs efforts pour conjurer le fléau et l'arrêter dans son essor.

Louis-Napoléon eut la douleur de voir mourir, presque entre ses bras, un des plus glorieux représentants de l'armée française, le maréchal Bugeaud.

L'illustre vainqueur d'Isly s'était pris d'une grande affection et d'une admiration sincère pour le neveu du grand homme ; sans la mort rapide qui vint le surprendre à un âge où il pouvait rendre encore de grands services à son pays, il eût certainement été un des plus utiles collaborateurs dans l'œuvre de régénération que le prince avait entreprise.

« Je suis bien aise de vous voir, lui dit le maréchal au moment de mourir ; vous avez une grande mission à remplir : vous sauverez la France avec l'union et le concours de tous les gens de bien. Dieu ne m'a pas jugé digne de me laisser ici-bas pour vous aider. Je me sens mourir. »

Cependant le président de la république ne trouvait pas dans l'Assemblée l'appui qu'il était en droit d'attendre d'elle. Tous les actes du pouvoir étaient journellement incriminés ; on n'épargnait même pas les outrages à la personne du chef de l'État.

Des hautes régions politiques la discorde menaçait de descendre dans la rue ; déjà l'anarchie relevait la tête, et l'émeute s'avançait en grondant.

Dans ces circonstances critiques, Louis-Napoléon comprit qu'il devait se montrer digne des suffrages qui l'avaient élevé à la présidence ; si la nation avait remis le pouvoir entre ses mains, c'était qu'elle espérait le lui voir tenir avec fermeté, pour le plus grand bien de la France.

L'idée d'un devoir immense à accomplir inspira au prince une énergique résolution. Dans la nuit du 1er décembre 1851, le décret suivant fut affiché sur les murs de la capitale :

« Au nom du peuple français, le président de la république

« Décrète :

« Article 1er. L'Assemblée nationale est dissoute.

« Art. 2. Le suffrage universel est rétabli. La loi du 31 mai est abrogée.

« Art. 3. Le peuple français est convoqué dans ses comices à partir du 14 décembre jusqu'au 21 décembre suivant.

« Art. 4. L'état de siége est décrété dans l'étendue de la 1re division militaire.

« Art. 5. Le conseil d'Etat est dissous.

« Art. 6. Le ministre de l'intérieur est

chargé de l'exécution du présent décret.

« Fait au palais de l'Elysée, le 2 décembre 1851.

« Louis-Napoléon BONAPARTE.

« Le ministre de l'intérieur,

« DE MORNY. »

Ce coup d'Etat, que la France avait appelé de tous ses vœux, reçut bientôt la plus éclatante sanction du pays entier, appelé dans ses comices.

Le 20 décembre suivant, 7,439,216 voix se prononçaient en faveur de Louis-Napoléon et de sa politique.

Voici quelles étaient les bases de la nouvelle Constitution acceptée par la France :

1° Un chef responsable nommé pour dix ans ;

2° Des ministres dépendant du pouvoir exécutif seul.

3° Un conseil d'Etat formé des hommes les plus distingués, préparant les lois et en soutenant la discussion devant le Corps législatif.

4° Un Corps législatif discutant et votant les lois, nommé par le suffrage universel sans scrutin de liste qui fausse l'élection.

5° Une seconde Assemblée, formée de toutes les illustrations du pays, pouvoir pondérateur, gardien du pacte fondamental et des libertés publiques.

Le 14 janvier 1852, la Constitution était proclamée par le président de la république, en vertu des pouvoirs que la souveraineté nationale lui avait conférés.

Une importante cérémonie eut lieu le 10 mai suivant : Louis-Napoléon distribua solennellement les aigles à tous les drapeaux de l'armée française.

Chaque régiment avait envoyé ses délégués qui, joints aux corps de troupes de Paris, vinrent défiler devant la tribune du prince-président. Le Champ-de-Mars et ses abords étaient littéralement couverts de soldats et de peuple, qui faisaient retentir l'air de leurs acclamations enthousiastes.

Quelques mois auparavant, le prince-président avait fondé l'ordre de la Médaille militaire, pour récompenser les services des soldats, la loyauté dans la conduite et le respect de la discipline. Cette excellente institution comblait une lacune, en honorant les vertus modestes, comme la Légion d'honneur récompense les actions d'éclat et les mérites exceptionnels.

Louis-Napoléon voulut apprécier par ses propres yeux les sentiments de la France à l'égard de son gouvernement, et en même temps étudier les besoins de chaque province. Durant trois mois entiers, il parcourut les départements; les ovations qu'il reçut sur son passage lui prouvèrent que la nation appréciait hautement les services qu'il avait rendus, et fondait les plus grandes espérances sur son initiative puissante.

Quelque temps après le retour de Louis-Napoléon à Paris, le Sénat se rendait aux vœux du pays, en formulant un sénatus-consulte qui rétablissait la dignité impériale en faveur de l'héritier de Napoléon Ier.

La France, appelée à exprimer sa volonté, proclama, par sept millions quatre cent trente-neuf mille deux cent treize suffrages, Louis-Napoléon Bonaparte Empereur des Français, sous le titre de Napoléon III.

Les prévisions de l'illustre fondateur de la dynastie impériale étaient réalisées; la reconnaissance et l'amour des Français re-

levaient ce trône que la coalition euro-
péenne avait renversé en 1815.

III

L'EMPIRE

La proclamation de l'Empire fut suivie
d'une réorganisation presque complète des
services publics ; il ne nous est pas possible d'indiquer, même succinctement, tous
les progrès qui furent accomplis en quelques jours.

Sous l'impulsion vigoureuse et infatigable de l'Empereur, les travaux publics prirent une extension considérable ; l'agriculture et le commerce s'élevèrent à un degré
de prospérité qu'ils n'avaient peut-être jamais atteint. Le pays était enfin pourvu
d'un gouvernement fort et éclairé : il put

développer librement les immenses ressources dont il dispose.

Dès que l'ordre eut été rétabli sur des bases désormais inébranlables, l'élu de la nation abdiqua toute rancune politique; libre de ne consulter que les sentiments de son cœur, il se sentit naturellement porté à la clémence. Une amnistie générale permit à tous les exilés de reprendre le chemin de leur patrie : l'Empereur se souvenait des souffrances que l'exil avait fait endurer au prince Louis-Napoléon.

Le 22 janvier 1853, Napoléon III fit part aux corps constitués du prochain mariage qu'il allait accomplir; voici quelques passages du discours qu'il prononça à cette occasion :

« Quand, en face de la vieille Europe, on est porté, par la force d'un nouveau principe, à la hauteur dès anciennes dynasties, ce n'est pas en vieillissant son blason et en cherchant à s'introduire à tout prix dans la famille des rois, qu'on se fait accepter. C'est bien plutôt en se souvenant toujours de son origine, en conservant son caractère propre et en prenant franche-

ment vis-à-vis de l'Europe la position de
parvenu, titre glorieux lorsqu'on parvient
par le libre suffrage d'un grand peuple.

« Ainsi obligé de s'écarter des précé-
dents suivis jusqu'à ce jour, mon mariage
n'était plus qu'une affaire privée ; il restait
seulement le choix de la personne. Celle
qui est devenue l'objet de ma préférence
est d'une naissance élevée. Française par
le cœur, par l'éducation, par le souvenir
du sang que versa son père pour la cause
de l'Empire, elle a, comme Espagnole, l'a-
vantage de ne pas avoir en France de famille, à laquelle il faille donner honneurs
et dignités. Douée de toutes les qualités de
l'âme, elle sera l'ornement du Trône,
comme au jour du danger elle deviendrait
un de ses courageux appuis. Catholique
pieuse, elle adressera au ciel les mêmes
prières que moi pour le bonheur de la
France ; gracieuse et bonne, elle fera re-
vivre, dans la même position, j'en ai le
ferme espoir, les vertus de l'Impératrice
Joséphine.

« Je viens donc, messieurs, dire à la
France : J'ai préféré une femme que j'aime

et que je respecte à une femme inconnue dont l'alliance eût eu des avantages mêlés de sacrifices. Sans témoigner de dédain pour personne, je cède à mon penchant, mais après avoir consulté ma raison et mes convictions. Enfin, en plaçant l'indépendance, les qualités du cœur, le bonheur de la famille au-dessus des préjugés dynastiques et des calculs de l'ambition, je ne serai pas moins fort, puisque je serai plus libre.

« Bientôt, en me rendant à Notre-Dame, je présenterai l'Impératrice au peuple et à l'armée ; la confiance qu'ils ont en moi assure leur sympathie à celle que j'ai choisie ; et vous, messieurs, en apprenant à la connaître, vous serez convaincus que, cette fois encore, j'ai été inspiré par la Providence. »

Le mariage civil fut célébré aux Tuileries, le 29 janvier 1853. Le 30, la cérémonie religieuse avait lieu à Notre-Dame, et les deux augustes époux étaient bénis par l'archevêque de Paris.

Eugénie de Montijo, comtesse de Téba, qui venait d'être élevée au rang d'Impératrice, allait bientôt justifier, par ses vertus éclatantes, l'accueil enthousiaste que la France fit à sa Souveraine.

Peu de temps après cet événement, la paix dont l'Europe jouissait depuis si long-temps fut troublée par les tentatives ambi-tieuses de la Russie.

Le czar Pierre le Grand avait tracé dans son testament la ligne de conduite que devaient suivre ses successeurs : « S'éten-dre sans relâche vers le nord de la Baltique ainsi que vers le sud le long de la mer Noire ; approcher le plus possible de Con-stantinople et de ses environs. Celui qui y régnera sera le vrai maître du monde. En conséquence, susciter des guerres conti-nuelles tantôt à la Turquie, tantôt à la Perse. »

Le czar Nicolas voulut mettre ce pro-gramme à exécution. Après avoir cherché une misérable chicane au sultan Abdul-Medjid, il fit franchir le Pruth à son armée et envahit les Principautés-Danubiennes, pendant que sa flotte bombardait Sinope.

Cet odieux abus de la force indigna l'Europe ; l'honneur et les nécessités de l'équilibre européen lui faisaient un devoir de venir au secours du faible : elle ne manqua pas à ce devoir.

La France et l'Angleterre unirent leurs efforts pour repousser l'agresseur.

La guerre de Crimée est une des plus nobles et des plus glorieuses entreprises que la France ait jamais soutenues. Elle sera l'éternel honneur du règne de Napoléon III.

Le début de la campagne fut marqué par une victoire, la prise de Bomarsund dans la mer Baltique. Une barrière infranchissable protégea désormais le bord de l'Europe contre les tentatives de la Russie.

En même temps, une armée considérable, commandée par le maréchal Saint-Arnaud, débarquait en Crimée : la victoire de l'Alma conduisit bientôt nos troupes aux portes de Sébastopol.

Les brillantes journées d'Inkermann, de Traktir et de la Tchernaïa, la prise de Kinburn et la reddition de Kars précédèrent de peu de temps le triomphe définitif de nos armes.

Le 8 septembre 1855, Sébastopol succombait après un siége qui avait duré un an. La campagne était terminée.

Dans cette mémorable guerre, nos anciens ennemis les Anglais combattirent vaillamment à nos côtés. La réconciliation véritable des deux grandes nations date de cette époque ; une noble cause à défendre a été le trait d'union de cette alliance que rien, nous l'espérons, ne pourra briser dans l'avenir.

La guerre de Crimée a relevé notre prestige en Europe : la France doit une grande reconnaissance au chef qui en assuma la responsabilité, et aux vaillants officiers qui ont guidé nos troupes à la victoire. Parmi ceux-ci, il est à peine nécessaire de citer les généraux Saint-Arnaud, Baraguey d'Hilliers, Bosquet, Canrobert, Pélissier et l'amiral Bruat. Ces noms glorieux sont gravés en lettres d'or dans la mémoire de tous les Français.

Soldats et marins avaient rivalisé de courage ; rien ne put ébranler la constance de nos troupes exposées à tous les fléaux de la guerre ; elles restèrent impassibles au milieu des dangers multiples qui vinrent les assaillir. Les rigueurs excessives de l'hiver, le choléra et les balles ennemies nous firent payer chèrement la victoire, mais l'Europe était sauvée.

En France, la guerre n'avait nullement arrêté les travaux de la paix. Pendant cette même année 1855, une Exposition universelle permit de réunir tous les produits de l'agriculture et de l'industrie du monde entier. Le palais élevé à cet effet, aux Champs-Elysées, se trouva trop petit pour contenir les flots de visiteurs accourus de tous les points du globe.

L'Exposition universelle, en prouvant la supériorité de notre industrie, lui ouvrit d'immenses débouchés ; et c'est ainsi que l'étranger se vit forcé de payer les frais de notre glorieuse campagne de Crimée.

Quatre années s'étaient à peine écoulées depuis que la France ayaient confié ses destinées au descendant de Napoléon ; ce court espace de temps avait suffi à l'Empereur pour placer notre pays à la tête des nations et le relever de l'état d'abaissement où il était plongé depuis quarante ans,

La Providence protégeait visiblement

l'homme qui remplissait si noblement sa mission.

Le 15 mars 1856, l'Impératrice mit au monde un fils qui fut baptisé sous les noms de Napoléon-Eugène-Louis-Jean-Joseph Bonaparte.

La France entière partagea la joie, immense dont cet événement remplit le cœur de son Souverain.

L'année 1856, qui s'était annoncée si heureusement, fut attristée par un fléau qui causa d'immenses ravages : la Loire et le Rhône débordèrent ; l'inondation fit de nombreuses victimes et plongea dans une affreuse misère les villages riverains, et les habitants des bas quartiers de plusieurs grandes villes.

L'Empereur accourut sur les lieux du sinistre : Lyon, Valence, Avignon et beaucoup d'autres endroits dévastés par le fléau reçurent la visite du Souverain, qui visita les familles des inondés, laissant partout des consolations et des secours. Le conseil municipal de Lyon se fit l'interprète de la reconnaissance des populations, en envoyant à l'Empereur l'adresse suivante :

« Sire, au milieu des sentiments qu'a fait naître la présence de Votre Majesté dans notre ville, le conseil municipal manquerait au sentiment public s'il ne vous apportait l'expression de la reconnaissance générale. C'est dans votre cœur que vous avez trouvé l'heureuse inspiration de venir visiter nos souffrances. Naguère vous disiez aux Lyonnais de vous aimer, aujourd'hui vous êtes venu les y contraindre. Vous avez conquis les âmes les plus froides. On ne peut faire un pas dans nos rues sans entendre bénir votre nom, sans être ému des expressions vives et touchantes que trouvent la reconnaissance des malheureux et l'admiration de tous. Ces bénédictions seront entendues, sire ; le ciel continuera de vous donner de grandes et généreuses pensées, et il vous récompensera dans l'Enfant impérial qu'il a donné à la France. »

Dans ces tristes circonstances, le dévouement du pays fut à la hauteur de celui de son Souverain : une souscription nationale réunit 15 millions, et le Corps législatif vota une somme à peu près égale pour venir en aide aux familles éprouvées par le fléau.

Les immenses services que l'Empereur avaient rendus à la France étaient alors appréciés de ceux-là mêmes qui avaient combattu son élection. C'est au milieu du calme et de la prospérité dont notre pays jouissait enfin après tant d'années de discorde et de misères, qu'un événement horrible vint de nouveau troubler son repos.

Le 14 janvier 1858, un attentat contre la vie de l'Empereur jeta la consternation dans le cœur de tous les Français.

« L'Empereur et l'Impératrice devaient passer la soirée au Grand-Opéra. Le duc de Saxe-Cobourg-Gotha y avait précédé Leurs Majestés. Une foule considérable occupait les abords du théâtre et la rue Lepeletier. Au moment où la voiture impériale arrivait devant le péristyle, trois détonations formidables se firent entendre. Les maisons de la rue en furent ébranlées et l'air fut aussitôt rempli de cris déchirants. Trois bombes lancées au milieu de la foule venaient d'éclater. L'Empereur ainsi que l'Impératrice échappèrent comme par miracle à la mort. Leur voiture avait été criblée des éclats de la première bombe. Des deux chevaux, l'un avait été tué sur le coup ; l'autre, atteint au poitrail, dut être abattu dans la nuit ; le général Roguet, qui se trouvait dans la voiture impériale, reçut une blessure grave. L'Empereur avait eu son chapeau traversé par une balle ; l'Impératrice avait été légèrement blessée à la tempe. Près de cent soixante personnes furent atteintes. Le cocher de l'Empereur et les trois valets de pied qui se tenaient derrière la voiture furent grièvement blessés. Parmi les lanciers de la garde qui escortaient la voiture de l'Empereur, douze furent frappés. Un d'eux, quoique mortellement blessé, n'avait point voulu quitter son poste. « Quelqu'un est-il blessé ? » demanda à ses hommes le commandant du peloton. « Moi, » répond le lancier en levant la main. A peine a-t-il prononcé ce mot, qu'il tombe évanoui dans les bras de ses camarades. Quelques heures après, il expirait.

« L'Empereur et l'Impératrice conservèrent leur calme. La robe de l'Impératrice était tachée de sang. Leurs Majestés entrèrent dans la salle de l'Opéra, où la nouvelle de l'attentat venait de se répandre. Quand l'Empereur se montra dans sa loge avec l'Impératrice, une immense explosion d'enthousiasme partit de tous les points de la salle. Pendant la représentation, l'Empereur ne cessa de s'enquérir des blessés et donna l'ordre de leur porter tous les secours que réclamait leur état.

« Cet horrible attentat inspira à tout Paris une profonde indignation, qui se communiqua à la France et bientôt à l'Europe tout entière. Le Corps diplomatique, le Sénat, le Corps législatif, le Conseil d'État et le Conseil municipal de la ville de Paris coururent aux Tuileries féliciter l'Empereur et l'Impératrice du miracle qui les avait fait échapper à la mort. De toutes les villes et des moindres villages des adresses apportèrent au pied du trône l'expression d'un attachement inviolable à l'Empereur et à sa dynastie. Le 17 janvier, un *Te Deum* solennel fut célébré à Notre-Dame pour remercier le ciel d'avoir préservé les jours de l'Empereur et de l'Impératrice.

« Le lendemain, Napoléon ouvrit la session législative de 1858, adressa aux sénateurs et aux députés un discours qui pro-

duisit une immense impression. Il se termi-
nait ainsi (1) : « Je ne puis terminer sans
« vous parler de la criminelle tentative qui
« vient d'avoir lieu. Je remercie le ciel de la
« protection visible dont il nous a couverts,
« l'Impératrice et moi, et je déplore qu'on
« fasse tant de victimes pour attenter à la
« vie d'un seul. Cependant ces complots
« portent avec eux plus d'un enseignement
« utile : le premier, c'est que les partis qui
« recourent à l'assassinat prouvent par ces
« moyens désespérés leur faiblesse et leur
« impuissance ; le second, c'est que jamais
« un assassinat, vînt-il à réussir, n'a servi
« la cause de ceux qui avaient armé le bras
« des assassins. Ni le parti qui frappa Cé-
« sar, ni celui qui frappa Henri IV, ne
« profitèrent de leur meurtre : Dieu permet
« quelquefois la mort du juste, mais il ne
« permet jamais le triomphe de la cause du
« crime. Aussi ces tentatives ne peuvent
« troubler ni ma sécurité dans le présent,
« ni ma foi dans l'avenir. Si je vis, l'Em-

(1) *Histoire anecdotique et populaire de Napoléon III*,
1 vol. in-18. Alfred Duquesne, éditeur, 16, rue Hautefeuille, Paris.

« pire vit avec moi, et si je succombais, « l'Empire serait encore affermi par ma « mort même, car l'indignation du peuple « et de l'armée serait un nouvel appui « pour le trône de mon fils. »

Au mois d'août de l'année 1858, Leurs Majestés Impériales firent un voyage dans les provinces de l'Ouest. A Cherbourg, de grandes fêtes furent célébrées en leur honneur; l'Empereur y avait convié son illustre alliée la reine d'Angleterre et le prince Albert son époux.

Dans un grand dîner qui réunissait à bord de *la Bretagne* les souverains des deux nations, l'Empereur porta le toast suivant :

« Je bois à la santé de S. M. la reine d'Angleterre, à celle du prince qui partage son trône et à la famille royale. En portant ce toast, en leur présence à bord du vaisseau amiral français dans le port de Cherbourg, je suis heureux de montrer les sentiments qui nous animent envers eux. En effet, les faits parlent d'eux-mêmes, et ils prouvent que les passions hostiles, aidées par quelques incidents malheureux, n'ont pu altérer ni l'amitié qui existe entre les deux couronnes, ni le désir des deux peuples de rester en paix. Aussi ai-je le ferme espoir que si l'on voulait réveiller les rancunes et les passions d'une autre époque, elles viendraient échouer devant le bon sens public, comme les vagues se brisent devant la digue qui protége en ce moment contre la violence de la mer les escadres des deux Empires.»

Le jour suivant, LL. MM. II. assistèrent à l'inauguration du bassin Napoléon qui venait d'être creusé dans la rade de Cherbourg et au lancement, dans ce même bassin, du navire *la Ville-de-Nantes*.

Enfin, le 8 août, l'Empereur et l'Impératrice se rendirent à l'inauguration de la statue de Napoléon Ier, élevée sur une des places de la ville.

Brest, Lorient, Vannes, Saint-Brieuc, Saint-Malo et enfin Rennes furent ensuite honorés de la visite de LL. MM.

La vieille Armorique conservera longtemps le souvenir du passage des souverains, qui, de leur côté, ne sauraient oublier l'accueil enthousiaste qui leur fut fait.

Cependant les ambitions insensées de l'Autriche contraignirent l'Empereur à soutenir de nouveau par les armes les droits sacrés de la justice. Le 4 mai 1858, Napoléon III adressa au peuple français la belle proclamation qu'on va lire :

« Français,

« L'Autriche, en faisant entrer son armée sur le territoire du roi de Sardaigne, notre allié, nous déclare la guerre. Elle viole ainsi les traités, la justice et menace nos frontières. Toutes les grandes puissances ont protesté contre cette agression. Le Piémont ayant accepté les conditions qui devaient assurer la paix, on se demande quelle peut être la raison de cette invasion soudaine : c'est que l'Autriche a amené les choses à cette extrémité, qu'il faut qu'elle domine jusqu'aux Alpes ou que l'Italie soit libre jusqu'à l'Adriatique ; car dans ce pays tout coin de terre demeuré indépendant est un danger pour son pouvoir.

« Jusqu'ici la modération a été la règle de ma conduite ; maintenant l'énergie devient mon premier devoir.

« Que la France s'arme et dise réso-
lûment à l'Europe : Je ne veux pas de
conquêtes, mais je veux maintenir sans
faiblesse ma politique nationale et tradition-
nelle. J'observe les traités, à condition qu'on
ne les violera pas contre moi. Je respecte le
territoire et les droits des puissances neutres, mais j'avoue hautement ma sympathie
pour un peuple dont l'histoire se confond
avec la nôtre, et qui gémit sous l'oppression
étrangère.

« La France a montré sa haine contre
l'anarchie. Elle a voulu me donner un pouvoir assez fort pour réduire à l'impuissance
les fauteurs de désordre et les hommes in-
corrigibles de ces anciens partis, qu'on voit
sans cesse pactiser avec nos ennemis. Mais
elle n'a pas pour cela abdiqué son rôle civi-
lisateur : ses alliés naturels ont toujours
été ceux qui veulent l'amélioration de l'humanité ; et quand elle tire l'épée, ce n'est
point pour dominer, mais pour affranchir.

Le but de cette guerre est donc de rendre l'Italie à elle-même, et non de la faire
changer de maître ; et nous aurons à nos

frontières un peuple ami qui nous devra
son indépendance.

« Nous n'allons pas en Italie fomenter
le désordre, ni ébranler le pouvoir du
Saint-Père que nous avons replacé sur son
trône, mais le soustraire à cette oppression
étrangère qui s'appesantit sur toute la Péninsule ; contribuer à y fonder l'ordre sur
des intérêts légitimes satisfaits.

« Nous allons enfin sur cette terre classique, illustrée par tant de victoires, retrouver les traces de nos pères. Dieu fasse que
nous soyons dignes d'eux !

« Je vais bientôt me mettre à la tête de
l'armée. Je laisse en France l'Impératrice et
mon fils. Secondée par l'expérience et les
lumières du dernier frère de l'Empereur,
elle saura se montrer à la hauteur de sa
mission. Je les confie à la valeur de l'armée
qui reste en France, pour veiller sur nos
frontières comme pour protéger le foyer do-
mestique. Je les confie au patriotisme de la
garde nationale. Je les confie enfin au peuple
tout entier qui les entourera de cet amour
et de ce dévouement dont je reçois chaque
jour tant de preuves.

« Courage donc et union ! Notre pays va encore montrer au monde qu'il n'a pas dégénéré. La Providence bénira nos efforts ; car elle est sainte aux yeux de Dieu, la cause qui s'appuie sur la justice, l'humanité, l'amour de la patrie et de l'indépendance !

« Palais des Tuileries, le 3 mai 1859.

« NAPOLÉON. »

Le 10 mai, l'Empereur quittait Paris pour se rendre en Italie. Depuis les Tuileries jusqu'à la gare de Lyon, la population parisienne accourue sur le passage de Sa Majesté lui fit une véritable ovation. Les cris de : *Vive l'Empereur, vive l'Italie*, s'élevèrent de tous les points de la foule. Jamais on n'avait vu enthousiasme si vivement, si chaleureusement exprimé. A certains moments la voiture impériale ne pouvait plus avancer tant l'affluence était considérable, tant le peuple était désireux de voir l'Empereur, de le saluer, et de lui montrer par son attitude qu'il pouvait compter en toute circonstance sur le dévouement du pays.

Dès le début de la campagne, notre armée remporta d'éclatants succès ; les Autrichiens furent battus successivement, le 20 mai à Montebello, le 30 et le 31 à Palestro et à Turbigo.

Le 4 juin enfin, nos troupes, commandées par Napoléon en personne, triomphaient à Magenta : l'ennemi avait vingt mille hommes hors de combat, et laissait entre nos mains sept mille prisonniers.

Le général Mac-Mahon, que l'assaut de la tour Malakoff avait déjà illustré, fut un des héros de cette journée mémorable. Son éclatante valeur fut récompensée par les titres de maréchal et de duc de Magenta que l'Empereur lui conféra sur le champ de bataille.

A quelques jours de là, nos soldats faisaient leur entrée triomphale dans Milan, où ils étaient accueillis comme des libérateurs. Presque au même moment, le maréchal Baraguay d'Hilliers battait l'ennemi à Melegnano.

Cependant toutes les forces autrichiennes s'étaient concentrées derrière le Mincio; c'est sur les bords de ce fleuve, où le général Bonaparte avait remporté de si merveilleux succès soixante ans auparavant, que le digne héritier de son nom et de sa gloire, vint frapper le coup décisif de la campagne.

Le 24 juin au matin, l'armée française attaquait l'ennemi au village de Solférino; à huit heures du soir, les 250,000 hommes que François-Joseph commandait lui-même, étaient mis en déroute.

La victoire était due en grande partie à l'artillerie rayée dont l'Empereur avait doté notre armée.

L'Autriche avait laissé sur le champ de bataille 35,000 hommes tués ou blessés, 7,000 prisonniers et un grand nombre de drapeaux et de pièces de canon ; cette terrible épreuve la mit dans l'impossibilité de continuer la guerre.

La campagne se termina, le 11 juillet, par la signature du traité de Villafranca, aux termes duquel l'Autriche abandonnait à l'Empereur des Français tous ses droits sur la Lombardie.

Pendant que nos armées se couvraient de gloire en Italie, la prospérité matérielle de notre pays ne cessait pas de s'accroître sous l'impulsion vigoureuse de son gouvernement.

Est-il besoin de rappeler les travaux gigantesques qui furent accomplis à cette époque, les nouvelles lignes de chemin de fer livrées à la circulation, les concours agricoles ouverts dans toute la France, la création de fermes modèles, la transformation des grandes villes de l'Empire? De tous côtés régnait une incroyable activité, dont le résultat immédiat fut d'améliorer la situation des classes pauvres et de faire régner l'abondance.

Les arts n'étaient pas moins favorisés que le commerce et l'industrie : les expositions annuelles de peinture et de sculpture permettaient aux artistes de soumettre leurs œuvres à l'appréciation du public, et des encouragements de toutes sortes étaient distribués aux plus dignes. Des prix d'une grande importance étaient institués pour récompenser les savants, qui presque toujours ne songent pas à tirer profit de leurs belles découvertes.

Une amnistie générale fut décrétée après la campagne d'Italie. L'Empereur voulut que tous les citoyens français eussent leur part dans la joie que causa ce grand événement.

La paix de Villafranca survenant presque aussitôt après notre brillante victoire de Solférino avait étonné beaucoup de monde ; on se demandait pourquoi l'Empereur s'était arrêté en si beau chemin, avant d'avoir réalisé complétement son programme de l'Italie « libre des Alpes à l'Adriatique. » Napoléon III se chargea d'expliquer sa conduite : elle avait été marquée d'une grande sagesse, comme on peut en juger par le discours suivant qu'il prononça à l'ouverture des chambres.

« En me retrouvant au milieu de vous qui, pendant mon absence, avez entouré l'Impératrice et mon fils de tant de dévouement, j'éprouve le besoin de vous remercier d'abord et ensuite de vous expliquer quel a été le mobile de ma conduite.

« Lorsque, après une heureuse campagne de deux mois, les armées française et sarde arrivèrent sous les murs de Vérone, la lutte allait inévitablement changer de nature, tant sous le rapport militaire que sous le rapport politique. J'étais fatalement obligé d'attaquer de front un ennemi retranché derrière de grandes forteresses, protégé de

toute diversion sur ses flancs par la neutralité des territoires qui l'entouraient; et, en
commençant la longue et stérile guerre des
siéges, je trouvais en face l'Europe armée,
prête, soit à disputer nos succès, soit à
aggraver nos revers.

« Néanmoins, la difficulté de l'entreprise
n'aurait ni ébranlé ma résolution, ni arrêté
l'élan de mon armée si les moyens n'eussent
pas été hors de proportion avec les résultats
à atteindre. Il fallait se résoudre à briser
hardiment avec les entraves opposées par
les territoires neutres et alors accepter la
lutte sur le Rhin comme sur l'Adige. Il
fallait partout se fortifier franchement du
concours de la révolution ; il fallait répandre
encore un sang précieux qui n'avait que trop
coulé déjà : en un mot, il fallait risquer ce
qu'il n'est permis à un souverain de mettre
en jeu que pour l'indépendance de son pays.

« Si je me suis arrêté, ce n'est donc pas
par lassitude ou par épuisement, ni par
abandon de la noble cause que je voulais
servir, mais parce que, dans mon cœur,
quelque chose parlait plus haut encore :
l'intérêt de la France.

« Croyez-vous donc qu'il ne m'en ait pas coûté de mettre un f ein à l'ardeur de ces soldats exaltés par la victoire, qui ne demandaient qu'à marcher en avant ?

« Croyez-vous donc qu'il ne m'en ait pas coûté de retrancher ouvertement, devant l'Europe, de mon programme, le territoire qui s'étend du Mincio à l'Adriatique ?

« Croyez-vous qu'il ne m'en ait pas coûté de voir dans des cœurs honnêtes de nobles illusions se détruire, de patriotiques espérances s'évanouir ?

« Pour servir l'indépendance italienne, j'ai fait la guerre contre le gré de l'Europe ; dès que les destinées de mon pays ont pu être en péril, j'ai fait la paix.

« Est-ce à dire maintenant que nos efforts et nos sacrifices aient été en pure perte ? Non. Ainsi que je l'ai dit dans les adieux à mes soldats, nous avons droit d'être fiers de cette courte campagne. En quatre combats et deux batailles, une armée nombreuse, qui ne le cède à aucune en organisation et en bravoure, a été vaincue. Le roi de Piémont, appelé jadis le gardien des Alpes, a vu son pays délivré de l'invasion et la frontière de ses Etats portée du Tessin au Mincio. L'idée d'une nationalité italienne est admise par ceux-mêmes qui la combattaient le plus. Tous les souverains de la Péninsule comprennent enfin le besoin de réformes salutaires.

« Ainsi, après avoir donné une nouvelle preuve de la puissance militaire de la France, la paix que je viens de conclure sera féconde en heureux résultats; l'avenir les révélera chaque jour davantage pour le bonheur de l'Italie et le repos de l'Europe. »

La gloire ne fut pas la seule récompense de la grande lutte que nous venions de soutenir. Le roi du Piémont, qui avait vu ses États augmentés de la Lombardie et, quelques mois plus tard, de plusieurs autres contrées de l'Italie, trouva juste d'abandonner à la France les versants français des Alpes, Nice et la Savoie. Les habitants furent consultés par la voie du suffrage universel, et ils acceptèrent avec enthousiasme leur nouvelle nationalité. Cette importante annexion donnait trois nouveaux départements à la France.

D'autres événements importants se passèrent encore dans cette mémorable année 1860.

L'Empereur s'était proclamé le défenseur de toutes les nobles causes ; il résolut de venger la chrétienté, douloureusement atteinte par les horribles massacres de Syrie.

Huit mille chrétiens égorgés en quelques jours par la population musulmane, et sans que les autorités locales fissent le moindre effort pour arrêter le massacre !

Dans cette terrible circonstance, l'émir Abd-el-Kader se montra digne de la confiance que l'Empereur lui avait témoignée en lui rendant sa liberté quelque temps auparavant. Grâce à son énergique intervention, plusieurs milliers de chrétiens eurent la vie sauve.

L'expédition de la Syrie avait été entreprise pour prouver que la France est toujours prête à tirer l'épée en faveur de ses coréligionnaires ; son but fut pleinement atteint : les coupables reçurent le châtiment qu'ils méritaient, et de sérieuses garanties furent données pour l'avenir à la population chrétienne.

L'année 1860 se termina par un acte spontané qui honorait le souverain de la France. Le décret du 24 novembre augmenta les prérogatives de la chambre et donna plus d'extension aux libertés publiques.

À peu de temps de là, une double expédition entreprise par les forces franco-anglaises contre la Chine aboutit à la prise de Pékin. Le souverain du Céleste-Empire se vit forcé de respecter la vie de nos missionnaires et de signer des traités par lesquels il s'engageait à ouvrir les portes de la Chine au commerce européen.

Vint enfin l'expédition du Mexique, commencée de concert avec l'Angleterre et l'Espagne, le 20 novembre 1861.

La rupture de la convention de la Soledad força notre gouvernement à poursuivre seul la campagne contre Juarez. Le président du Mexique, coupable d'avoir traité trop à la légère la vie des résidents français et de refuser le payement des indemnités dues à la France depuis longtemps, se vit refoulé dans les provinces extrêmes de la République. Nos troupes, victorieuses à

Puebla sous la conduite du général Forey, s'emparèrent successivement de toutes les grandes villes.

Un empire fut fondé par nos armes dans ce pays tourmenté par des discordes civiles sans fin ni trêve. Le malheureux frère de l'empereur d'Autriche, l'archiduc Maximilien voulut s'associer à l'œuvre civilisatrice que nous avions entreprise ; il accepta le trône que vinrent lui offrir les délégués mexicains à sa résidence de Miramar.

Règne éphémère et qui aboutit à la sanglante catastrophe de Quérétaro ! Maximilien tomba sous les coups de ce peuple, dont il avait généreusement entrepris la régénération.

L'Empereur Napoléon le disait dernièrement encore : l'expédition du Mexique fut entreprise sans autre idée préconçue que celle de sauver un peuple de l'anarchie, de le faire grand et fort pour l'opposer, comme une barrière, aux empiétements de la race anglo-saxonne. Mais, cette nation était malheureusement tombée dans une décadence telle, qu'il fut impossible de la relever. L'expérience nous apprit trop tard que la grande idée politique de l'Empereur était irréalisable.

Nous allons résumer brièvement les autres événements qui marquèrent dans ces dernières années le règne de Napoléon III.

Le 6 octobre 1861, le roi de Prusse Guillaume Ier vint à Compiègne rendre visite au souverain de la France. Cette démarche resserra les liens d'amitié entre les deux nations.

Pendant l'année 1863, fidèle à son rôle de protecteur des faibles, l'Empereur joignit ses instances à celles de l'Angleterre et de l'Autriche pour obtenir du gouvernement russe que la malheureuse Pologne fût traitée plus humainement.

Si la note collective adressée au prince Gortschakoff n'eut pas toute l'influence que l'on était en droit d'attendre, du moins la généreuse intervention de Napoléon III contribua-t-elle à arrêter la Russie dans son œuvre de destruction. En tout cas, la démarche faite était une protestation éclatante en faveur du droit des gens, et il appartenait à la France d'en prendre l'initiative.

Les mêmes raisons d'humanité engagèrent Napoléon III à faire entendre des paroles de paix pendant la guerre des États-Unis ; nul doute que si son projet de médiation eût été accepté par les autres puissances européennes, il eût été facile de réconcilier les partis en présence et de mettre un terme à cette lutte meurtrière.

Mais des considérations égoïstes étouffèrent la voix de l'humanité chez certains peuples qui entrevoyaient avec joie la ruine de la grande République. L'événement n'a pas donné raison à leurs prévisions ; les États-Unis se sont relevés plus puissants que jamais. Il y a lieu de présumer qu'ils n'oublieront pas que la France voulut un jour essayer de les sauver de la guerre civile, comme elle les a aidés, à la fin du siècle dernier, à se constituer en nation indépendante.

La question romaine a été et est encore une des plus grandes difficultés du règne de Napoléon III. L'Empereur a cependant trouvé le moyen de concilier les aspirations nationales des Italiens et les droits du souverain pontife ; par la convention du 15 sep-

tembre 1864, il a sauvegardé les intérêts
dú catholicisme sans porter atteinte à ce
royaume d'Italie qu'il a fondé de ses mains.
Le moment n'est sans doute pas éloigné où
la France pourra retirer ses troupes de
Rome, et confier à la garde des Italiens eux-
mêmes le trône sacré du Saint-Père.

La France, paisible et honorée, parce
qu'on la sait forte et dépourvue d'ambition,
essaye, depuis l'avénement de Napoléon III,
d'amener une entente entre tous les peuples, et de résoudre pacifiquement les questions politiques qui surgissent incessamment en Europe.

Tant qu'il restera quelque chose de ce
odieux traités de 1815, qui portèrent une
atteinte si grave au principe des nationalités, les peuples ne connaîtront pas de repos
durable.

Les aspirations unitaires se font jour de
tous côtés : les pays que rapproche la com-
munauté de langue, d'origine, d'intérêts et
de configuration géographique, tendent à
s'agglomérer en nation compacte. Il est
impossible de résister à ce mouvement,
parce qu'il prend sa source dans le droit

imprescriptible qu'ont les hommes de régler leurs destinées.

Il n'en est pas moins vrai que c'est là un sujet puissant de discorde, une menace perpétuelle pour la paix de l'Europe. Napoléon III a essayé à différentes reprises de conjurer l'appel aux armes, en provoquant la réunion d'un congrès européen qui résoudrait pacifiquement les questions pendantes. Malheureusement cette noble tentative n'a pas été accueillie comme on devait l'espérer : trop d'intérêts différents étaient en présence, il a fallu trancher brutalement par la guerre, et la raison du plus fort a été la meilleure.

Les démêlés de la Prusse et de l'Autriche, à propos du Sieswig-Holstein, dont ces deux nations se partageaient la souveraineté, donnèrent le signal de la grande guerre qui aboutit à Sadowa et changea la face de l'Allemagne.

La lettre suivante, que l'Empereur adressa le 11 juin 1866 à son ministre des affaires étrangères, établit clairement le rôle de la France dans ces difficiles circonstances :

« Monsieur le Ministre, au moment où

semblent s'évanouir les espérances de paix que la réunion de la Conférence nous avait fait concevoir, il est essentiel d'expliquer, par une circulaire aux agents diplomatiques à l'étranger, les idées que mon gouvernement se proposait d'apporter dans les conseils de l'Europe et la conduite qu'il compte tenir en présence des événements qui se préparent.

« Cette communication placera notre politique dans son véritable jour.

« Si la Conférence avait eu lieu, votre langage, vous le savez, devait être explicite. Vous deviez déclarer, en mon nom, que je repoussais toute idée d'agrandissement territorial tant que l'équilibre européen ne serait pas rompu. En effet, nous ne pourrions songer à l'extension de nos frontières que si la carte de l'Europe venait à être modifiée au profit exclusif d'une grande puissance, et si les provinces limitrophes demandaient, par des vœux librement exprimés, leur annexion à la France.

« En dehors de ces circonstances, je crois plus digne de notre pays de préférer à des acquisitions de territoire le précieux avantage de vivre en bonne intelligence avec nos voisins, en respectant leur indépendance et leur nationalité. Animé de ces sentiments, et n'ayant en vue que le maintien de la paix, j'avais fait appel à l'Angleterre et à la Russie pour adresser ensemble aux parties intéressées des paroles de conciliation.

« L'accord établi entre les puissances neutres restera à lui seul un gage de sécurité pour l'Europe. Elles avaient montré leur haute impartialité en prenant la résolution de restreindre la discussion de la Conférence aux questions pendantes. Pour les résoudre, je croyais qu'il fallait les aborder franchement, les dégager du voile diplomatique qui les couvrait, et prendre en sérieuse considération les vœux légitimes des souverains et des peuples.

« Le conflit qui s'est élevé a trois causes :

« La situation géographique de la Prusse mal délimitée;

« Le vœu de l'Allemagne demandant une reconstitution politique plus conforme à ses besoins généraux;

« La nécessité pour l'Italie d'assurer son indépendance nationale.

« Les puissances neutres ne pouvaient vouloir s'immiscer dans les affaires intérieures des pays étrangers ; néanmoins, les cours qui ont participé aux actes constitutifs de la Confédération germanique avaient droit d'examiner si les changements réclamés n'étaient pas de nature à compromettre l'ordre établi en Europe.

« Nous aurions, en ce qui nous concerne, désiré pour les États secondaires de la Confédération une réunion plus intime, une organisation plus puissante, un rôle plus important ; pour la Prusse, plus de cohérence, d'homogénéité et de force dans le Nord ; pour l'Autriche, le maintien de sa grande position en Allemagne. Nous aurions voulu, en outre, que, moyennant une compensation équitable, l'Autriche pût céder la Vénétie à l'Italie ; car si, de concert avec la Prusse et sans se préoccuper du traité de 1852, elle a fait au Danemark une guerre au nom de la nationalité allemande, il me paraissait juste qu'elle reconnût en Italie le même principe en

complétant l'indépendance de la Péninsule.

« Telles sont les idées que, dans l'i-nté-
rêt du repos de l'Europe, nous aurions essayé de faire prévaloir. Aujourd'hui, il est
à craindre que le sort des armes seul en
décide.

« En face de ces éventualités, quelle est
l'attitude qui convient à la France? De-
vons-nous manifester notre déplaisir,
parce que l'Allemagne trouve les traités
de 1815 impuissants à satisfaire ses tendances nationales et à maintenir sa tran-
quillité?

« Dans la lutte qui est sur le point d'é-
clater, nous n'avons que deux intérêts : la
conservation de l'équilibre européen, et le
maintien de l'œuvre que nous avons con-
tribué à édifier en Italie. Mais, pour sau-
vegarder ces deux intérêts, la force morale
de la France ne suffit-elle pas? Pour que
sa parole soit écoutée, sera-t-elle obligée de
tirer l'épée? Je ne le pense pas.

« Si, malgré nos efforts, les espérances
de paix ne se réalisent pas, nous sommes
néanmoins assurés, par les déclarations

des cours engagées dans le conflit, que, quels que soient les résultats de la guerre, aucune des questions qui nous touchent ne sera résolue sans l'assentiment de la France.

« Restons donc dans une neutralité attentive, et, forts de notre désintéressement, animés du désir sincère de voir les peuples de l'Europe oublier leur querelle et s'unir dans un but de civilisation, de liberté et de progrès, demeurons confiants dans notre droit et calmes dans notre force.

« Sur ce, monsieur le Ministre, je prie Dieu qu'il vous ait en sa sainte garde. »

— Cette sage politique de Napoléon III porta les fruits qu'il avait prévus. Si elle n'empêcha pas la guerre d'éclater, du moins les résultats furent-ils conformes aux idées qu'il avait toujours professées : le principe des nationalités triompha de tous les côtés. L'unité allemande fut créée, en même temps que celle de l'Italie se complétait par l'adjonction de la Vénétie, que l'Autriche dut placer sous le sceptre de Victor-Emmanuel.

Quelque temps après ces grands événements, la France eut occasion de prouver que les victoires récentes d'un puissant voisin n'avaient pas altéré la confiance que doit lui inspirer le sentiment de son droit et de sa force. La question du Luxembourg fut pacifiquement tranchée à notre honneur : devant l'attitude énergique de notre gouvernement, la Prusse se vit forcée d'évacuer un pays qu'elle occupait militairement au mépris de tous les droits et des traités.

Cependant, les ambitions démesurées de nos voisins avaient prouvé une fois de plus la vérité de cette proposition : pour conserver la paix, il faut être prêt à faire la guerre.

L'Empereur voulut que la France fût toujours la première nation militaire de l'Europe.

Dans la récente guerre d'Allemagne, la victoire s'était rangée du côté des soldats les mieux armés; il fallut réformer tout notre système d'armement, ou plutôt appliquer à l'armée de terre ce qui était fait depuis longtemps dans la marine.

L'insuffisance des anciens fusils avait

été clairement démontrée à Sadowa : nos soldats furent pourvus d'une arme d'un modèle nouveau et dont la perfection n'a pas été encore dépassée. Le célèbre fusil à aiguille des Prussiens est complétement distancé par notre fusil Chassepot.

Enfin parut une nouvelle loi sur l'organisation militaire. Adopté par le Corps législatif, après délibération en séance publique, le 14 janvier 1868, le projet de loi a été sanctionné et promulgué par l'Empereur le 1ᵉʳ février suivant.

En raison de l'importance considérable de cette loi, nous croyons devoir en reproduire les principales dispositions, renvoyant pour plus de détails au *Code de la garde nationale mobile* (1).

_____

(1) Code de la Garde nationale mobile. 1 vol. in-18, Alfred Duquesne, éditeur, 16, rue Hautefeuille, Paris,

RECRUTEMENT DE L'ARMÉE

La durée du service pour les jeunes soldats est de cinq ans, à l'expiration desquels ils passent dans la réserve, où ils servent quatre ans, en demeurant affectés, suivant leur service antérieur, soit à l'armée de terre, soit à l'armée de mer.

La durée du service compte du 1er juillet de l'année du tirage au sort.

Les militaires de la réserve ne peuvent être rappelés à l'activité qu'en temps de guerre, par décret de l'Empereur, après épuisement complet des classes précédentes, et par classé, en commençant par la moins ancienne.

Ce rappel pourra être fait d'une manière distincte et indépendante pour la réserve de l'armée de terre et pour celle de l'armée de mer.

Les militaires de la réserve peuvent se marier sans autorisation dans les trois dernières années de leur service dans la réserve. Cette faculté est suspendue par l'effet du décret de rappel à l'activité.

Les hommes mariés de la réserve restent soumis à toutes les obligations du service militaire.

Le 30 juin de chaque année, en temps de paix, les soldats qui auront achevé leur temps de service dans la réserve recevront leur congé définitif.

Ils le recevront en temps de guerre immédiatement après l'arrivée au corps du contingent destiné à les remplacer.

Lorsqu'il y aura lieu d'accorder des congés illimités, ils seront délivrés, dans chaque corps, aux militaires les plus anciens de service effectif sous les drapeaux, et de préférence à ceux qui les demanderont.

Les hommes laissés ou envoyés en congé pourront être soumis à des revues et à des exercices périodiques qui seront fixés par le ministre de la guerre.

Art. 33. La durée de l'engagement sera de deux ans au moins.

L'engagement volontaire ne donnera lieu à l'exemption prononcée par le numéro 6 de l'article 13 de la présente loi qu'autant qu'il aura été contracté pour une durée de neuf ans.

Dans aucun cas, les engagés volontaires ne pourront être envoyés en congé sans leur consentement.

Art. 36. Les rengagements pourront être reçus même pour deux ans, et ne pourront excéder la durée de cinq ans.

Les rengagements ne pourront être reçus que pendant le cours de la dernière année de service sous les drapeaux, ou de l'année qui précédera l'époque de la libération définitive.

Après cinq ans de service sous les drapeaux, ils donneront droit à une haute paye.

Les autres conditions seront déterminées par les décrets insérés au Bulletin des lois.

LA GARDE NATIONALE MOBILE.

SECTION PREMIÈRE.

De sa composition. — De son objet. — De la durée de service.

ARTICLE 3.

Une garde nationale mobile sera constituée à l'effet de concourir, comme auxiliaire de l'armée active, à la défense des places fortes, des côtes et frontières de l'Empire, et au maintien de l'ordre dans l'intérieur.

Elle ne peut être appelée à l'activité que par une loi spéciale.

Toutefois les bataillons qui la composent peuvent être réunis au chef-lieu ou sur un point quelconque de leur département, par un décret de l'Empereur, dans les vingt jours précédant la présentation de la loi de mise en activité.

Dans ces cas, le ministre de la guerre pourvoit au logement et à la nourriture des officiers, sous-officiers, caporaux et soldats.

ARTICLE 4.

La garde nationale mobile se compose :

1° Des jeunes gens des classes des années 1867 et suivantes, qui n'ont pas été compris dans le contingent, en raison de leur numéro de tirage ;

2° De ceux des mêmes classes auxquels il a été

fait application des cas d'exemption prévus par les numéros 3, 4, 5, 6 et 7 de l'article 13 de la loi du 21 mars 1832;

3º De ceux des mêmes classes qui se seront fait remplacer dans l'armée.

Peuvent également être admis dans la garde nationale mobile ceux qui, libérés du service militaire ou de la garde nationale mobile, demandent à en faire partie.

Les substitutions sont autorisées dans la famille, jusqu'au sixième degré inclusivement; le substitué doit être âgé de moins de quarante ans et remplir les autres conditions prévues par la loi de 1832.

Les conseils de révision exemptent du service de la garde nationale mobile les jeunes gens compris sous les paragraphes 1 et 2 de l'article 13 de la loi de 1832.

Les conseils de révision dispensent du service dans la garde nationale mobile :

1º Ceux auxquels leurs fonctions confèrent le droit de requérir la force publique ;

2º Les ouvriers des établissements de la marine impériale et ceux des arsenaux et manufactures d'armes de l'État dont les services ouvrent des droits à la pension de retraite ;

3º Les préposés du service actif des douanes et des contributions indirectes;

4º Les facteurs de la poste aux lettres ;

5º Les mécaniciens de locomotives sur les chemins de fer.

Les conseils de révision dispensent également les jeunes gens se trouvant dans l'un des cas de dispenses prévues par l'article 18 de la loi de 1832, par l'article 79 de la loi du 15 mars 1859 èt par l'article 18 de la loi du 10 avril 1867, les jeunes gens qùi auront contracté, avant le tirage au sort, l'engagement de rester dix ans dans l'enseignement primaire, et qui seront attachés, soit en qualité d'instituteur ou en qualité d'instituteur-adjoint, à une école libre existant depuis au moins deux ans, ayant au moins trente élèves.

La dispense ne peut s'appliquer aux instituteurs et aux instituteurs-adjoints d'une même école que dans la proportion d'une par chaque fraction de trente élèves.

Les conseils de révision dispenseront également, à titre de soutiens de famille et jusqu'à concurrence de dix pour cent, ceux qui auront le plus de titres à la dispense.

Sont exclus de la garde nationale les individus désignés aux numéros 1 et 2 de l'article 2 de la loi du 21 mars 1832.

ARTICLE 5.

La durée du service dans la garde nationale mobile est de cinq ans.

Elle compte du 1er juillet de l'année du tirage au sort.

ARTICLE 6.

Les jeunes gens de la garde nationale mobile continuent à jouir de tous les droits du citoyen; ils peuvent contracter mariage sans autorisation, à quelque période que ce soit de leur service; ils peuvent librement changer de domicile ou de résidence; ils peuvent voyager en France ou à l'étranger, sans que le manquement aux exercices ou aux réunions résultant de cette absence puisse devenir contre eux le motif d'une poursuite.

Tout garde national mobile peut être admis comme remplaçant, dans l'armée active ou dans la réserve, s'il remplit les conditions des articles 19, 20 et 21 de la loi du 21 mars 1832. Dans ce cas, le remplacé est tenu de s'habiller et de s'équiper à ses frais comme garde national mobile.

ARTICLE 7.

En cas d'appel à l'activité ou de réunion des bataillons de la garde nationale mobile, conformément à l'article 5 de la présente loi, le conseil de révision, réuni au chef-lieu du département ou d'arrondissement, dispensera du service d'activité, à titre de soutiens de famille, et jusqu'à concurrence de 4 p. 100, ceux qui auront le plus de titres à cette dispense.

Pourront se faire remplacer par un Français âgé de moins de quarante ans et remplissant les autres conditions exigées par les articles 19, 20 et 21 de la loi du 21 mars 1832, ceux qui se trouvent dans l'un des cas d'exemption prévus par les numéros 3, 4, 5, 6 et 7 de l'article 13 de ladite loi.

Le conseil de révision statuera sur les demandes de remplacement et sur l'admission des remplaçants.

SECTION II.

De l'organisation de la garde mobile. — De son instruction. — Des peines disciplinaires.

ARTICLE 8.

La garde nationale mobile est organisée par départements, en bataillons, compagnies et batteries.

Les officiers sont nommés par l'Empereur, et les sous-officiers et caporaux par l'autorité militaire.

Ils ne reçoivent de traitement que si la garde nationale mobile est appelée à l'activité.

Sont seuls exceptés de cette disposition l'officier chargé spécialement de l'administration, et les officiers et sous-officiers instructeurs.

ARTICLE 9.

Les jeunes gens de la garde nationale mobile sont soumis, à moins d'absence légitime :

1° A des exercices qui ont lieu dans le canton de la résidence ou du domicile ;

2° A des réunions par compagnie ou par bataillon, qui ont lieu dans la circonscription de la compagnie ou du bataillon.

Chaque exercice ou réunion ne peut donner lieu, pour les jeunes gens qui y sont appelés, à un déplacement de plus d'une journée.

Toute absence dont les causes ne sont pas reconnues légitimes sera constatée par l'officier ou le sous-officier de la compagnie, qui devra faire viser son rapport par le maire de la commune, lequel donnera son avis.

Après trois constatations faites dans l'espace d'un an, le garde national mobile peut être poursuivi, conformément à l'article 83 de la loi du 13 juin 1851, devant le tribunal correctionnel, lequel, après vérification des causes d'absences, le condamne, s'il y a lieu, aux peines édictées par ledit article.

Sont exemptés des exercices ceux qui justifient d'une connaissance suffisante du maniement des armes et de l'école du soldat.

ARTICLE 10.

Pendant la durée des exercices et des réunions, la garde nationale mobile est soumise à la discipline réglée par les articles 113, 114 et 116 de la section II du titre V de la loi du 13 juin 1851 sur la garde nationale, ainsi que par les articles 5, 81 et 83 de la loi.

Les peines énoncées à l'article 113 sont applicables, selon la gravité des cas, aux fautes énumérées aux articles 73, 74 et 76 de la section Ire du titre IV.

La privation du grade est encourue dans les cas prévus aux articles 75 et 79, elle est prononcée :

Pour les officiers, par l'Empereur, sur un rapport du ministre de la guerre;

Pour les sous-officiers, caporaux ou brigadiers, par l'autorité militaire.

Les officiers, sous-officiers, caporaux ou brigadiers employés à l'administration ou à l'instruction sont soumis à la discipline militaire pendant la durée de leurs fonctions.

SECTION III.

De la mise en activité.

ARTICLE 11.

A dater de la promulgation de la loi de mise en activité de la garde nationale mobile, les officiers, sous-officiers, caporaux et gardes nationaux qui la composent sont soumis à la discipline et aux lois militaires. Ils supportent les charges et jouissent des avantages attachés à la situation des soldats, caporaux, sous-officiers et officiers de l'armée.

ARTICLE 12.

Sont abrogées toutes les dispositions contraires à la présente loi, et spécialement le titre VI de la loi du 22 mars 1831.

ARTICLE 15.

Le maire, assisté de quatre conseillers municipaux, les premiers inscrits sur le tableau, dresse l'état de recensement des jeunes gens de sa commune qui doivent faire partie de la garde nationale mobile, conformément à l'article précédent.

A Paris et à Lyon, cet état est dressé par le préfet ou son délégué, assisté de trois membres du conseil municipal et du maire de chaque arrondissement, pour le recensement de cet arrondissement.

ARTICLE 16.

Un conseil de révision par arrondissement, juge en séance publique, les causes d'exemption, qui ne peuvent être que celles prévues par les numéros 1 et 2 de l'article 13 de la loi de 1832, et les cas de dispenses prévus par l'article 14 de la même loi et par les articles 70 de la loi du 15 mars 1850 et 18 de la loi du 10 avril 1867.

Toutefois, ce conseil de révision peut exempter, comme soutiens de famille, jusqu'à concurrence de dix pour cent, ceux qui auront le plus de titres à l'exemption.

Ce conseil se transporte successivement dans les différents chefs-lieux et cantons de l'arrondissement.

Toutefois, selon les localités, le président peut réunir pour les opérations du conseil, les jeunes gens appartenant à plusieurs cantons.

ARTICLE 17.

La réunion des listes arrêtées par le conseil de révision des arrondissements forme la liste du contingent départemental.

Les jeunes gens faisant partie de ce contingent sont inscrits sur les registres matricules de la garde nationale mobile du département et répartis en compagnies et en bataillons d'infanterie et en batteries d'artillerie.

Il nous reste peu de chose à dire du règne de Napoléon III. Pour mémoire seulement nous rappellerons la magnifique Exposition universelle qui a eu lieu à Paris, dans le cours de l'année 1867. La France recueille les fruits de cette gigantesque manifestation de la paix. Les peuples accourus de tous les points de la terre ont pu constater la supériorité de notre civilisation ; le jury international a proclamé hautement l'excellence de nos produits industriels aussi bien que notre suprématie dans le domaine de l'art.

Les souverains de l'Europe se sont coalisés de nouveau pour envahir la capitale de la France, qui les a reçus à bras ouverts, comme il convenait de le faire pour des hôtes et des amis : les choses ont bien changé de face depuis cinquante ans !

Nous arrivons au dernier épisode de ce règne glorieux, épisode mémorable, qui doit être considéré comme le couronnement du noble édifice auquel l'Empereur travaille depuis son avénement au trône. A la suite des élections de 1869, Napoléon III se fait l'interprète des vœux de la nation, en modifiant la constitution dans la voie libérale qu'il avait lui-même frayée par les réformes du 24 novembre et du 19 janvier.

L'Empire s'appuie désormais sur la liberté, qu'il a su réconcilier avec l'ordre ; la dynastie impériale ne pouvait avoir de plus ferme soutien.

L'IMPÉRATRICE EUGÉNIE

L'Impératrice Eugénie est née à Grenade, en Andalousie, le 5 mai 1826.

Seconde fille du comte de Montijo, grand d'Espagne, et de Marie-Manuela Kilkpatrick de Closeburn, elle descend par son père d'une noble et ancienne famille : la maison de Porto-Carrero, émigrée de Gênes en Estramadure au quatorzième siècle, et qui par suite de diverses alliances acquit le droit de porter le nom de Guzman, Fernandez, Corvado, la Cerda et Leira, et réunit les trois grandesses de première classe de Téba, Banos et Mora.

La comtesse de Montijo, sa mère, est

issue d'une famille catholique de l'Ecosse , qui fut obligée de s'exiler aprè- la chute des Stuart, et vint habiter l'Andalousie.

Le père de mademoiselle Eugénie de Guzman, officier de l'armée espagnole, prit parti pour les Français, lors de l'invasion de l'Espagne par les armées de Napoléon, et de la création d'une royauté nouvelle en faveur de Joseph Bonaparte. Passé colonel d'artillerie au service de la France, il perdit un œil à la bataille de Salamanque, en même temps qu'un boulet de canon lui fracassait la jambe.

Lors de l'évacuation de l'Espagne par l'armée française, le comte de Montijo suivit le drapeau qu'il avait librement choisi ; il prit part à la campagne de 1814, et fut décoré par l'Empereur sur le champ de bataille.

Lorsqu'il fallut songer à défendre Paris contre les alliés, Napoléon le chargea de lui présenter un plan de fortifications provisoires à établir autour de la capitale ; et on le choisit pour commander les élèves de l'Ecole polytechnique postés aux buttes Chaumon .

Le comte de Montijo combattit vaillamment au poste qu'on lui avait assigné : sa conduite, dans cette mémorable journée, donna une éclatante consécration au dévouement chevaleresque avec lequel il avait embrassé la cause française. Revenu plus tard en Espagne, il siégea pendant plusieurs années au sénat de son pays natal, et mourut en 1839.

Elevée tour à tour en France et en Angleterre, mademoiselle Eugénie de Guzman passa la plus grande partie de sa jeunesse à voyager avec sa mère, sous le nom de comtesse de Téba. La ville de Pau a conservé le souvenir du long séjour qu'y fit la future Impératrice des Français; la jeune comtesse y avait conquis une célébrité rapide par son inépuisable bienfaisance, et la grâce souveraine qu'elle apportait dans la pratique de la charité.

En 1851, madame de Montijo et sa fille parurent aux fêtes de l'Elysée : la jeune comtesse de Téba y fit une profonde sensation par sa merveilleuse beauté et les grâces de sa personne.

Après la proclamation de l'Empire, Napoléon III, cédant aux instances du Sénat préoccupé de l'avenir de la dynastie, résolut de se marier. Nulle princesse de l'Europe ne lui parut plus digne que la comtesse de Téba de partager ses hautes destinées. Nous savons dans quels termes il annonça officiellement, le 22 janvier 1853, le choix que son cœur et sa raison lui avaient dicté.

Le mariage civil eut lieu le 29 janvier, et le lendemain, la voiture qui avait servi au sacre de Napoléon Ier et de Joséphine conduisait les augustes époux à Notre-Dame.

« L'Impératrice Eugénie signala son entrée au pouvoir par un acte de charité. La ville de Paris avait voté une somme de 600,000 francs, pour l'achat d'une parure destinée à l'auguste compagne de Napoléon III. Eugénie accepta l'offrande ; mais cet argent glissa bientôt de ses mains dans celles des pauvres. « Je suis bienheureuse, « écrivit-elle au préfet de la Seine, d'ap- « prendre la généreuse décision du conseil « municipal de Paris, qui manifeste ainsi « son adhésion sympathique à l'union que « l'Empereur contracte. J'éprouve néan- « moins un sentiment pénible, en pensant « que le premier acte public qui s'attache à

« mon nom au moment de mon mariage
« soit une dépense considérable pour la
« ville de Paris.

    « Permettez-moi donc de ne point ac-
« cepter votre don, quelque flatteur qu'il
« soit pour moi ; vous me rendrez plus
« heureuse en employant en charités la
« somme que vous aviez fixée pour l'achat
« de la parure que le conseil municipal
« voulait m'offrir. Je désire que mon ma-
« riage ne soit l'occasion d'aucune charge
« nouvelle pour le pays auquel j'appartiens
« désormais, et la seule chose que j'ambi-
« tionne, c'est de partager avec l'Empereur
« l'amour et l'estime du peuple français. »

    « Le conseil municipal de Paris céda au
désir exprimé par l'Impératrice, et la parure
se changea en un établissement pour les
jeunes filles pauvres. Elles devaient y recevoir une éducation professionnelle et n'en
sortir que pour être avantageusement
placées. Ce n'était là, pour ainsi dire, que
l'entrée en matière de son gouvernement ;
car elle s'est toujours montrée d'une libé-
ralité ingénieuse à faire le bien.

    « L'Empereur avait mis dans sa corbeille

un portefeuille contenant 250,000 francs; cette somme fut tout entière consacrée à des œuvres de charité. Elle encouragea les Sociétés de charité maternelle destinées à recueillir les femmes en couches et à pourvoir aux premiers besoins de leurs enfants; elle consacra 100,000 francs à cette excellente institution; elle employa les 150,000 fr. qui lui restaient à augmenter le nombre des lits de l'hospice des incurables. On ne tarda pas à constater l'heureux effet produit par ces actes de bienfaisance, et le ministre de l'intérieur, dans un de ses rapports, établit que le nombre des Sociétés de charité maternelle s'était élevé rapidement à 56, et que le nombre des pauvres femmes secourues était déjà de 10,504 à la fin de 1853. L'Impératrice s'était réservée la présidence et la protection de ces bienfaisantes Sociétés. Elle les dirigeait avec une sollicitude au-dessus de toute louange, parce qu'elle est au-dessus de tout mérite; mais son bonheur n'était pas encore complet, sa vie n'était pas encore assez occupée pour les pauvres et pour les souffrants; elle trouvait que, comme l'empereur romain Titus, elle perdait quelquefois sa journée, n'ayant pas trouvé l'occasion de faire du bien; elle se mit en quête de nouvelles charités. Le 16 mai 1854, elle prenait les salles d'asile sous son patronage; elle instituait un comité central, chargé de les répandre et de les multiplier; elle faisait frapper vingt-cinq médailles à son effigie et les distribuait aux directrices de ces établissements qui avaient montré le plus de zèle et de dévouement (1).

Le 16 mars 1856, l'Impératrice accoucha heureusement d'un fils; cet événement fut accueilli avec joie dans la France entière. On fondait sur la naissance de ce prince les mêmes espérances qui entourèrent le berceau du roi de Rome. Tout fait supposer qu'elles ne seront pas déçues : le temps est passé où les souverains de l'Europe pouvaient arbitrairement disposer des destinées d'un peuple comme le nôtre. La dynastie impériale est, du reste, doublement assise sur l'amour des Français et sur l'estime des nations étrangères.

A l'occasion de la naissance du prince

_____

(1) E. Muraour, *loc. cit.*

impérial, on ouvrit une souscription pour offrir un berceau au nouveau-né. Les présidents des comités voulant envoyer les signatures à l'Impératrice, le ministre de l'intérieur répondit, au nom de la souveraine, la lettre suivante :

« L'Impératrice acceptera avec gratitude ces volumes de signatures, éloquents témoignages des sentiments d'affection de la population parisienne. Mais, quant aux sommes produites par la souscription, vous lui permettrez d'en faire comme des 600,000 francs votés, lors du mariage, par le conseil municipal, une œuvre de bienfaisance pour les enfants du peuple. Patrone des Sociétés de charité maternelle et des salles d'asile, elle désire placer sous le patronage de son fils les pauvres orphelins; elle veut que le malheureux ouvrier, enlevé prématurément à sa famille, emporte au moins, en mourant, la consolante pensée que la bienveillance impériale veillera sur ses enfants.

« Mais il ne s'agit pas seulement de leur assurer la ressource ordinaire d'une maison de refuge, l'Impératrice a puisé dans son cœur une idée plus touchante; sous le patronage du Prince impérial, une commission permanente et gratuite, présidée par le ministre de l'intérieur, recherchera en même temps, dans Paris, et les orphelins et les honnêtes ménages d'ouvriers, qui, moyennant une subvention annuelle, voudront prendre chez eux ces pauvres enfants, les élever, leur donner une nouvelle famille et l'apprentissage d'un état. Cette œuvre, sans autres frais que ceux de l'allocation même, qui, pour chaque enfant, devra toujours être largement calculée, profitera presque autant à la famille adoptive qu'à l'orphelin qui lui sera confié, et l'Impératrice aura ainsi réalisé la pieuse et délicate pensée de donner à ces pauvres petits êtres que la mort a privés de leur soutien, non pas l'abri d'un hospice, mais l'appui, l'affection, les soins d'une nouvelle famille.

« Au revenu produit annuellement par le montant de la souscription placé en rentes sur l'État, l'Empereur, chaque année, et jusqu'à ce que son fils puisse le faire lui-même, ajoutera sur sa cassette les 30,000 francs nécessaires pour que cent orphelins, au moins, soient toujours ainsi patronnés. »

La nouvelle institution prit le nom d'Orphelinat du Prince impérial.

Le haut degré de prospérité auquel elle est parvenue atteste éloquemment son importance. Des dons volontaires ont mis à sa disposition des ressources immenses qui lui permettent de remplir largement la grande mission de bienfaisance qui lui est échue.

Quand éclata la guerre d'Italie, l'Empereur, avant de partir pour se mettre à la tête de l'armée, institua l'Impératrice régente de l'Empire en son absence. Pendant ce règne actif de quelques mois, elle se montra à la hauteur de sa mission.

Elle présida plusieurs fois le conseil des ministres, et y fit entendre de sages paroles qui dénotaient un grand sens politique et une connaissance sérieuse des affaires publiques.

Napoléon III lui adressait les dépêches qui annonçaient les événements. L'Impératrice eut la joie de ne transmettre à la France anxieuse que des nouvelles de victoires.

L'Impératrice a accompagné son auguste époux dans presque tous les grands voyages du souverain.

Au mois d'avril 1856, elle était à ses côtés quand il alla en Angleterre rendre sa visite à la reine Victoria. Le midi de la France, Nice, la Savoie, et même l'Algérie, ont conservé le souvenir de son passage. Partout elle a laissé des traces de sa bonté et de son inépuisable charité.

En 1861, pendant le séjour de l'Empereur à Vichy, elle a résidé à Fontainebleau, où le conseil des ministres continuait à se réunir sous sa présidence.

Enfin, plus récemment l'Impératrice a été investie pour la seconde fois des fonctions de régente. Elle a tenu avec une grande distinction les rênes du gouvernement, pendant le séjour prolongé que l'Empereur fit en Algérie, dans le courant de l'année 1865.

Que dire encore de l'Impératrice qui ne soit connu de tous nos lecteurs? Elle a toutes les vertus qui rendirent si chère aux Français, Joséphine, *la bonne Impératrice*. Son nom est synonyme de bienfaisance. Nulle ne sait mieux qu'elle entourer les actes de charité de ce tact, de cette délicatesse charmante qui en doublent le prix.

Faut-il rappeler le courage, le dévouement dont elle fit preuve pendant l'épidémie de choléra qui a désolé plusieurs contrées de la France! Paris et Amiens l'ont vue dans leurs asiles de la souffrance, affronter une mort horrible pour adoucir les derniers instants de moribonds.

L'Impératrice a donné dans cette mémorable circonstance un exemple d'abnégation et de mépris du danger qui seul suffirait à éterniser sa mémoire. La Providence a préservé les jours de cette sainte femme : la mort s'est écartée devant elle pour lui laisser remplir jusqu'au bout son œuvre de dévouement.

Pour terminer cette notice, nous emprunterons à M. Fourmestraux (1) le récit d'un événement cruel qui porta la désolation dans le cœur de l'Impératrice : la mort de sa sœur bien-aimée, la duchesse d'Albe.

« La duchesse d'Albe était morte à peine âgée de trente-cinq ans. Sa beauté, sa grâce, son esprit l'avaient rendue l'arbi-

(1) La Reine Hortense, par E. Fourmestraux. 1 vol. in-18. Alfred Duquesne, éditeur, 16, rue Hautefeuille, Paris.

tre de l'élégance, l'âme de toutes les fêtes de Madrid. Si son empire était grand dans les salons, son nom était aussi bien connu parmi les pauvres, dont elle était la bienfaitrice. Les fatigues, les inquiétudes qu'elle éprouva par suite de la maladie de l'un de ses enfants, portèrent de graves atteintes à sa santé. On la conduisit à Paris pour consulter les plus habiles médecins; mais déjà le mal défiait toutes les ressources de la science.

« Cette femme, comblée de tous les dons de la fortune, cette heureuse mère, fille adorée, sœur et amie intime de souveraines, montra dans ses derniers moments une force d'âme et une résignation dignes de sa race. Au milieu de vives souffrances, elle ne perdit jamais sa sérénité ni même ce doux enjouement que ses amis lui connaissaient. Elle semblait ne s'appliquer qu'à ranimer les espérances ou plutôt les illusions de sa mère, tandis que celle-ci trouvait le courage de lui cacher les angoisses de son inquiétude.

« Elle expira, le sourire sur les lèvres, le 16 septembre 1860, au moment où l'Impératrice Eugénie-abordait dans la capitale de nos possessions algériennes.

« Rien ne peut peindre la douleur poignante de l'Impératrice lorsqu'elle apprit que cette sœur chérie n'existait plus, et qu'elle était là, couchée, froide, inanimée sous les caveaux de la Madeleine.

« Ce fut le dimanche 23 septembre que ces restes précieux furent transportés dans la chapelle Saint-Vincent, de l'église de Rueil, qui avait été disposée en chapelle ardente.

« Le 21 du même mois, Leurs Majestés débarquaient à Port-Vendres, revenant d'Algérie, et c'est en mettant le pied sur le sol français que l'Impératrice apprit la mort de sa sœur bien-aimée.

« Le lendemain même de son arrivée à Saint-Cloud, l'Impératrice, accompagnée de sa mère, madame la duchesse de Montijo, et du marquis de La Grange, son écuyer, vint s'agenouiller dans l'église de Rueil, au pied du cercueil qui lui dérobait cette chère sœur, si étroitement liée à sa pensée. Entourant de ses bras la bière muette, inexorable, l'Impératrice appelait sa sœur : « Parle-moi, parle-moi donc! »

s'écriait-elle, et ses paroles étaient brisées par les sanglots.

« Nous n'essayerons pas de dépeindre l'émotion de cette scène déchirante.

« Après une longue et douloureuse station, S. M. l'Impératrice Eugénie se retira en recommandant à M. le curé de Rueil de dire une messe chaque jour pour le repos de l'âme de la duchesse d'Albe jusqu'au moment de la translation de son corps en Espagne.

« Pendant cette période de temps, Sa Majesté vint, plusieurs fois par semaine, entendre la messe qui se disait dans la chapelle Saint-Vincent, et, tous les deux jours, elle envoyait un bouquet que l'on déposait sur le cercueil.

« Le 15 novembre, l'Impératrice envoya également à Rueil tous les bouquets qui lui avaient été offerts à l'occasion de sa fête, pieux et touchant hommage qui allait chercher au delà de la mort sa sœur tant regrettée.

« Deux fauteuils avec prie-Dieu restèrent en permanence au pied du cercueil;

ils étaient destinés à Leurs Majestés, et fréquemment l'Empereur accompagna l'Impératrice dans ce pieux pèlerinage. Par une singulière coïncidence, ces fauteuils avaient été placés juste au-dessus du caveau dans lequel le corps de l'Impératrice Joséphine resta déposé du 2 juin 1814 au 29 mai 1825, jour où il fut placé dans le massif du socle qui supporte le monument élevé à leur mère par le prince Eugène et la reine Hortense.

« Le 19 décembre, le corps de la duchesse d'Albe fut enlevé pour être transporté en Espagne. A sept heures et demie du matin, l'Impératrice Eugénie se rendit à l'église de Rueil. Là, après bien des larmes et de ferventes prières, Sa Majesté baisa la dalle sur laquelle avait reposé le cercueil, puis, elle remonta en voiture et accompagna le cortége funèbre jusqu'à la station du chemin de fer de Saint-Cloud. »

S. A. LE PRINCE IMPÉRIAL

Le Prince qui doit hériter un jour du trône de France, est né le 16 mars 1856, au château des Tuileries.

Cet heureux événement survint à un moment où la France était encore tout enivrée de la gloire dont nos armes venaient de se couvrir en Italie; le pays se reposait sur des lauriers, au milieu d'un calme et d'une prospérité inouïs. La reconnaissance de la nation éclata en transports joyeux.

Dès que le bruit se répandit que l'Impératrice souffrait des douleurs de l'enfantement, une émotion vive s'empara de la capitale : le peuple était dans l'attente d'un grand événement.

Le corps municipal, réuni en permanence à l'Hôtel-de-Ville, attendait, ainsi que tous les grands dignitaires de l'État, que le moment fût venu d'aller saluer le nouveau-né et féliciter ses augustes parents.

Dieu voulut que ce fût un fils, et qu'il vînt au monde sans exposer les jours précieux de l'Impératrice : une salve de cent et un coups de canon annonça que les plus chères espérances de la nation étaient réalisées.

Nous empruntons à M. Muraour, le récit de la naissance du Prince impérial et des événements qui suivirent.

« Napoléon III, pendant le douloureux enfantement, était agité par bien des émotions diverses ; les minutes qui s'écoulaient lui paraissaient des siècles. A l'anxiété de voir souffrir son auguste compagne, se joignait l'anxiété de l'homme politique, qui, embrassant dans sa pensée l'avenir du pays, songe à la continuation de son œuvre.

« Cependant l'amirale Bruat, gouvernante des enfants de France, prenant dans ses mains l'Enfant impérial, le présentait à l'Empereur, à l'Impératrice, à la famille impériale, au ministre d'Etat et au garde des sceaux.

« Le ministre d'Etat, assisté du président du conseil d'Etat, établit la constatation de la naissance sur le registre de l'état civil de la famille impériale, conformément à l'article 8 du sénatus-consulte du 25 décembre 1852, et à l'article 13 du statut impérial du 21 juin 1853.

« Le nouveau-né reçut les noms de Napoléon-Eugène-Louis-Jean-Joseph Bonaparte.

« A midi, monseigneur l'archevêque de Nancy eut l'honneur d'ondoyer le Prince impérial, dans la chapelle des Tuileries, et l'Empereur signa sur le registre qui contenait l'acte de baptême.

« A l'occasion de l'heureuse délivrance de l'Impératrice, la ville de Paris, qui s'est toujours associée aux joies de Napoléon III, voulut encore, dans cette circonstance, témoigner sa sympathie à l'illustre famille impériale par un acte généreux et spontané, et le conseil municipal, réuni par M. le préfet de la Seine, décida qu'une somme de 200,000 francs serait distribuée aux pauvres.

« Le 11 juin, eut lieu la cérémonie du baptême : notre saint-père le pape était le parrain et S. M. la reine de Suède, la marraine. Le saint-père se fit représenter par le cardinal Constantin Patrizi, évêque d'Albano, préfet de la congrégation des rites, archiprêtre de la basilique de Sainte-Marie-Majeure, préfet de la Congrégation de la résidence des évêques, vicaire général de Sa Sainteté. La reine de Suède se fit représenter par S. A. I. et R. la grande duchesse Stéphanie de Bade. La cérémonie fut splendide et digne des illustres personnages qui y assistaient. Paris, ce jour-là, avait pris son air de joie et s'était paré de ses plus beaux habits de fêtes. Une foule immense, enthousiaste, se pressait sur les pas du cortége impérial qui se rendait à Notre-Dame. L'archevêque attendait à la porte de l'église l'illustre enfant et ses augustes parrains. La vieille cathédrale se remplit en un instant des plus hauts dignitaires de l'Etat. Au dehors, le peuple joignit

·ses prières et ses vœux aux prières et aux
vœux de ses représentants. Toute la journée
fut consacrée à des fêtes magnifiques. Le
soir, toutes les maisons de la capitale étaient
illuminées en signe de réjouissance. Ce beau
jour laissera de doux souvenirs dans le cœur
du peuple français ; comme l'Empereur
et l'Impératrice ne laissent jamais passer
l'occasion d'exercer leur généreuse muni-
ficence, ils décidèrent qu'ils seraient, l'un
parrain, l'autre marraine de tous les enfants
nés dans toute l'étendue du territoire français, le même jour que le Prince impérial ;
ils constituèrent à leurs bienheureux filleuls
une petite rente qui aidera leurs parents
à subvenir aux frais de leur éducation.

« Le nombre de ces enfants privilégiés
s'éleva à trois mille six cents : leurs titres à
la faveur impériale furent vérifiés avec soin,
et le ministre d'Etat et de la maison de
l'Empereur envoya à chaque famille un
certificat constatant la haute faveur dont
l'Empereur et l'Impératrice venaient d'ho-
norer leur enfant.

« Selon l'usage, la ville de Paris eut le
privilége d'offrir un berceau au nouveau-

né. La maison des enfants de France fut constituée et composée des femmes les plus remarquables par l'élévation de leur esprit et la noblesse de leur cœur : ce furent, madame l'amirale Bruat, gouvernante, mesdames Bizot et de Brancion, sous-gouvernantes ; toutes trois avaient perdu leur maris sur les plus glorieux champs de bataille de la guerre de Crimée.

« S. M. l'Empereur, pour donner à l'armée un haut témoignage de sa sympathie pour elle, fit inscrire le jeune Prince, comme simple soldat au 1er régiment des grenadiers de la garde. Les enfants de troupe de ce régiment vinrent se présenter devant leur auguste camarade et lui donnèrent une aubade au son des fifres. »

A l'occasion de la naissance du Prince impérial, fut institué l'orphelinat qui porte son nom ; nous avons signalé déjà dans notre biographie de S. M. l'Impératrice l'extension prodigieuse prise par cette œuvre de bienfaisance, la plus belle peut-être qui ait jamais été inspirée par l'esprit de charité.

La première enfance du Prince impérial n'a été marquée d'aucun événement notable ; elle s'est écoulée au milieu d'une santé parfaite, près de ses augustes parents qui ont voulu guider eux-mêmes les premiers pas de ce fils chéri.

Le jeune Prince se faisait remarquer par la vivacité de son caractère et la bonté de son cœur : on cite de lui mille traits enfantins qui accusent les plus généreuses dispositions ; nous regrettons que l'espace ne nous permette pas de les reproduire.

Bientôt il fallut songer à commencer l'éducation de cet enfant qui est appelé à de si hautes destinées. L'Empereur fit choix de plusieurs maîtres distingués, auxquels il laissa toute latitude pour élever sans faiblesse l'héritier de son trône.

Napoléon III ne voulut pas que son fils connût, dès ses premières années, la flatterie et les complaisances qui pervertissent le caractère des princes ; l'élu du peuple ne méconnaissait pas une origine dont il est fier ; son fils apprit de bonne heure que les privilèges de sa naissance émanent directement de la souveraineté nationale.

Le Prince impérial reçoit l'éducation la plus complète et la plus variée de ses aptitudes physiques aussi bien que de ses aptitudes morales et intellectuelles. Le vénérable curé de la Madeleine, M. Deguerry, lui enseigne les vérités de la religion ; un professenr distingué de l'Université, M. Fillon, complète son instruction, si bien commencée par M. Monnier : enfin son écuyer, M. Bachon, dirige les exercices du corps, qui constituent les récréations les plus chères du jeune Prince.

L'Empereur et l'Impératrice, de leur côté, ne négligent aucune occasion de former l'esprit et le cœur de cet enfant si bien doué : ils ont placé comme gouverneur auprès de sa personne, le général Frossard. Nul n'était plus digne de préparer le Prince au rôle d'homme qui va bientôt commencer pour lui.

L'année 1868 comptera dans les souvevenirs du Prince ; il nous faut parler d'abord de la première excursion officielle dans les départements qu'il aura faite sans être accompagné de Leurs Majestés impériales.

Parti de Paris, le 14 avril, à neuf heures du matin, le Prince impérial est arrivé à Cherbourg, à cinq heures du soir, par un train spécial de la compagnie des chemins de fer de l'Ouest.

Sur le quai de la gare, M. le vice-amiral Reynaud, préfet maritime, et plusieurs hauts fonctionnaires attendaient le Prince pour lui présenter leurs hommages.

Au moment où le Prince allait monter en voiture, un enfant de sept ans, Gaston de Beaulieu, beau-fils du général de Maud'huy, lui a remis un magnifique bouquet en lui disant : « Monseigneur, permettez à un petit enfant qui aime bien Votre Altesse Impériale de lui offrir un bouquet à son arrivée à Cherbourg. » La réponse du prince a été un chaleureux : « Merci ! au père et à l'enfant. » Son Altesse Impériale a serré deux fois la main de ce dernier.

Favorisée par un temps magnifique, la réception faite au Prince impérial par la population de Cherbourg a été des plus brillantes, et empreinte d'une franche cordialité.

Le Prince a successivement visité la flotte cuirassée et les établissements si importants et si bien organisés de la marine. Partout il s'est intéressé aux travaux si divers de cet immense arsenal, et les questions qu'il a adressées aux différents chefs de service ont dénoté chez lui un esprit aussi précoce qu'éclairé.

De Cherbourg, l'Impérial Enfant a continué son voyage dans l'Ouest et est allé rendre visite à la rivale de Cherbourg sur l'Océan, à Brest.

Pendant la traversée, la mer, assez grosse, secouait *la Reine-Hortense* sur laquelle se trouvait le Prince, et produisait à bord un roulis peu goûté de ceux qui n'avaient pas le pied marin. Le Prince s'en est très-bien tiré ; sa gaieté ne l'a pas abandonné un instant. Il riait aux éclats de la figure de quelques-uns de ses compagnons de route, et semblait tout fier de tenir bon, tandis que plus d'un faiblissait. Il n'a cessé de se promener sur le pont et est monté sur le gaillard d'avant, dont on lui avait parlé comme d'un endroit incommode pour les cœurs non aguerris. Il est resté longtemps à ce poste et en est descendu sans avoir éprouvé d'émotion.

Puis il s'est mis à grimper dans les haubans, où les mouvements étaient encore plus vifs. Ici son expérience a été un instant troublée par les marins du bord, qui se sont mis à courir après lui pour l'attacher et pour lui faire payer le *quart* de vin traditionnel.

Il est d'usage immémorial que, lorsqu'un passager s'aventure dans les parties de la mâture, qui sont considérées par les marins comme leur domaine exclusif, ceux-ci ont le droit de l'attacher au mât jusqu'à ce qu'il se soit engagé à leur payer un quart de vin.

Ici, l'affaire s'est arrangée facilement. Le jeune passager n'a pas été attaché ; il avait promis, en bon prince, de payer pour sa rançon le fameux quart de vin, non-seulement au marin qui avait fait semblant de l'attacher, mais encore à tous les marins du bord.

Ç'a été pour ces derniers une bonne aubaine ; aussi se sont-ils empressés d'aller réclamer leur paye, laissant le Prince à ses intéressantes épreuves sur le mal de mer.

D'ailleurs, tout était nouveau pour le jeune Prince : les commandements des officiers, les mouvements de l'équipage, les

manœuvres des bâtiments cuirassés atti-
raient tour à tour sa curiosité. Il regardait
tout, questionnait sur toutes choses, désireux d'apprendre et de se rendre compte de
tout ce qu'il voyait.

Une véritable ovation était réservée à son
Altesse Impériale pendant la traversée. Aux
environs du cap La Hogue, un transatlan-
tique français rencontrant le yacht, stoppa
et salua trois fois de son pavillon. Les passagers avaient envahi les passerelles et pous-
saient des hourras. Le Prince fit rendre le
salut avec le pavillon impérial ; mais il voulut, en outre, répondre lui-même aux acclamations des passagers et de l'équipage.
Se tenant aux rambardes du rouffle, il agita
gracieusement son chapeau, et ne redescen-
dit sur le pont que quand le paquebot fut
hors de vue.

A l'entrée de Brest, autre genre d'émotion. Les salves d'artillerie des navires sur
rade et des forts, les hommes rangés sur les
vergues, les cris sympathiques, tout a produit sur le Prince une impression très-vive.
Il était évidemment heureux.

« Jeudi, à huit heures du matin, on signalait, dit un correspondant du *Monde illustré*, le yacht *la Reine-Hortense*, sur lequel se trouvait le Prince, et l'escadre cuirassée. Au moment même tous les navires sur rade se sont pavoisés, et ont fait entendre un salut de toute leur artillerie. A son arrivée sur la rade, une deuxième salve est venue saluer le Prince. A une heure seulement, Son Altesse, en costume de caporal des grenadiers de la garde, petite tenue, a quitté *la Reine-Hortense* pour s'embarquer sur le vapeur qui l'a amenée à la cale des Transatlantiques, où elle a débarqué.

« C'est par les rampes d'accès du Port-Napoléon, décoré de mâts aux banderolles vénitiennes, que le Prince est entré en ville, dont la plupart des maisons étaient décorées du drapeau national, et qu'il s'est rendu à l'Hôtel de la préfecture maritime, répondant avec le plus charmant empressement aux sympathiques acclamations de la population, et accueillant avec grâce les pétitions qui lui étaient présentées.

« Le Prince, qui était dans une voiture découverte, avait près de lui le général Frossard. Toutes les autorités militaires et civiles étaient réunies à la préfecture maritime, pour recevoir Son Altesse, qui, sitôt après la réception officielle, s'est montrée sur la terrasse du jardin de la préfecture.

A deux heures, toutes les cloches de l'église de la ville se sont mises en branle; le Prince va visiter les faubourgs, puis l'école du *Borda*, où il est resté deux heures avec les élèves.

« Le soir, par un temps splendide, les vaisseaux sur la rade ont été couverts de feux, de la pomme du grand mât aux bastingages et aux batteries. Les parapets du Cours-d'Ajot et la grande jetée du Port du Commerce étaient garnis de feux rapprochés : cette illumination produisait un magnifique effet. Dans la ville, tous les édifices et établissements publics, et un grand nombre de maisons particulières étincelaient de lumières.

« Le lendemain, Son Altesse Impériale est allée à bord de l'*Inflexible* (caserne des mousses de la marine), puis à l'Arsenal. Ce jour-là on a ouvert devant lui le fameux pont Napoléon III.

« Quelques heures après Son Altesse faisait une visite aux pupilles de la marine. L'exercice auquel se livrèrent ces enfants offrait un spectacle charmant. Ils maniaient le fusil avec une habileté extraordinaire. Après les exercices du canon, il y a eu collation dans la salle du réfectoire. Une vive gaieté a régné tout le temps de ce banquet improvisé.

« Les fêtes ont continué le soir et le lendemain. Le canon a retenti plus d'une fois dans ces journées qui resteront mémorables pour les habitants de Brest.

« Nous pouvons dire, en terminant, que ce voyage a été des plus heureux et que partout, sur son passage, Son Altesse à recueilli des témoignages non équivoques de la plus vive sympathie. »

De retour à Paris, le Prince impérial passa quelques jours dans la retraite la plus absolue pour se préparer à accomplir dignement le premier acte solennel de la vie : la première communion.

La cérémonie a eu le 6 mai, à dix heures du matin dans la chapelle des Tuileries. L'archevêque de Paris, en sa qualité de grand-aumônier, a officié et donné la communion au Prince.

La chapelle du palais avait été disposée et ornée de fleurs; mais l'exiguïté de l'intérieur n'avait permis de faire que très-peu d'invitations. On avait dû se borner à convoquer, avec les familles de Leurs Majestés, les personnes composant leurs maisons et celle du Prince.

Sur la face latérale du chœur, à droite de l'autel, on avait placé des fauteuils avec prie-Dieu pour l'Empereur et l'Impératrice. À la droite de l'Empereur étaient assis les princes de la famille impériale, et à la gauche de l'Impératrice les princesses. Au centre du chœur, en face de l'autel, était un siége pour le jeune communiant. En arrière du Prince, à sa droite et à sa gauche, se tenaient son gouverneur, le général Frossard et M. le curé Deguerry, et derrière son fauteuil, l'aide de camp de service.

Le Prince était vêtu comme le sont tous les enfants au jour de leur communion, veste bleu foncé avec écharpe blanche au bras gauche, pantalon et gilet blancs.

Son Altesse Impériale avait fait son entrée à la chapelle avant Leurs Majestés. L'archevêque lui a offert l'eau bénite. En même temps, un chapelain a présenté le cierge au Prince, qui s'est avancé en le portant jusqu'à la place qu'il devait occuper. L'auguste enfant avait une attitude de recueillement qui a ému profondément tous les assistants.

A l'arrivée de l'Empereur et de l'Impératrice, la messe a commencé ; puis, avant la communion, Mgr Darboy, archevêque de Paris, a adressé au jeune Prince l'allocution la plus touchante sur le grand acte qu'il allait accomplir. Le Prince s'est alors approché de l'autel pour recevoir la communion. La nappe était tenue, à ses quatre coins, par le prince Joachim Murat, le général Frossard, l'évêque d'Adras, premier aumônier, et l'abbé Mullois, chapelain.

L'archevêque a terminé cette cérémonie par quelques paroles pour faire sentir au Prince qu'une vie nouvelle allait commencer pour lui, vie de labeur et de sacrifices, et pour l'exhorter à se tenir toujours dans la voie de l'honneur, du dévouement et du devoir envers la France comme envers Dieu, sans perdre de vue un seul instant les nobles exemples qu'il avait sous les yeux.

Le Prince, au sortir de la chapelle, a reçu les félicitations de sa famille. Il avait voulu que tous ses jeunes amis assistassent à sa première communion; après la cérémonie, ils sont venus tous le complimenter et l'embrasser.

A cinq heures, le même jour, le Prince reçut la confirmation des mains de l'archevêque de Paris, grand aumônier. L'Empereur et l'Impératrice se tenaient dans leur tribune avec les dames et les officiers de service de leurs maisons. Le Prince était accompagné du général Frossard, son gouverneur, et d'un de ses aides de camp.

Après le renouvellement des vœux du baptême, le grand aumônier a adressé au Prince quelques paroles. Il lui a rappelé que sa vie entrait dans une phase nouvelle, qu'il doit s'accoutumer à porter le fardeau de sa responsabilité, et qu'il lui faut la sagesse nécessaire au chrétien et au prince. Il a expliqué que la sagesse consiste d'abord dans le discernement de ce qui est

vrai, dans la saine appréciation des hommes
et des choses, de la religion et des affaires
humaines, du ciel et de la terre ; ensuite,
dans le goût de ce qui est juste et bon, dans
la discipline de nos affections et dans la
subordination hiérarchique de nos instincts
et de nos sentiments ; enfin dans la réalisa-
tion des pensées justes et des sentiments
généreux, dans la pratique du devoir.

Il a signalé les obstacles qui s'opposent
en nous à ce que notre esprit voie toujours
juste, à ce que notre cœur mette un ordre
constant, une parfaite régularité dans ses
affections, à ce que nous soyons à la hauteur de nos devoirs. Il a indiqué enfin les
moyens qui sont à notre disposition pour
devenir et rester sages, malgré ces obstacles. L'étude, la réflexion, la docilité aux
conseils des parents et des maîtres, la fidélité aux enseignements et aux pratiques de
la religion, la lutte contre soi-même et les
efforts pour vaincre la triple paresse du
corps, du caractère et de l'esprit : tels sont
les moyens proposés par l'archevêque dans
un langage sobre, simple et net, qui a fait
une vive impression sur le jeune Prince.

Quelques jours plus tard, le Prince impérial recommençait à vivre d'une existence propre, c'est-à-dire à se produire d'une manière officielle, entouré seulement des officiers de sa maison. C'est ainsi qu'il alla visiter, le 21 mai, l'Ecole militaire de Saint-Cyr, située, comme on le sait, à quelques lieues de Paris.

Parti des Tuileries à dix heures du matin, le Prince arrivait à Saint-Cyr à onze heures et demie. Un peloton d'élèves à cheval, commandé par un capitaine, s'était porté à sa rencontre jusqu'à un kilomètre environ, et lui avait fait escorte à son entrée. Son Altesse Impériale a été reçue par le général de Gondrecourt, commandant l'Ecole, entouré de l'état-major, des professeurs et des fonctionnaires.

C'était le jour de l'Ascension, il y avait une messe militaire à l'Ecole, et le Prince avait tenu à y assister au milieu des élèves. Après l'office divin, et pendant que les élèves dînaient et se préparaient pour la revue et les manœuvres, le général a présenté au Prince le lieutenant-colonel Henrion, commandant en second, les autres

officiers, le personnel du corps enseignant
et celui de l'administration ; puis, il lui a
fait visiter une salle où sont gravés en lettres d'or, sur un marbre noir, les noms des
anciens élèves qui sont devenus maréchaux
et généraux, et les noms de ceux qui ont
eu l'honneur d'être les premiers de leur
promotion.

Le Prince ensuite est monté à cheval et
s'est rendu dans la cour Wagram, où les
élèves, infanterie et cavalerie, étaient formés en bataille. Accueilli par de vives acclamations, il a parcouru le front de cette
ligne et a passé dans les rangs. Après quelques maniements d'armes exécutés avec
une merveilleuse précision, a eu lieu le défilé, aux cris de *Vive l'Empereur!*

Sur le terrain du polygone, un autre
spectacle, du plus vif intérêt, attendait le
jeune Prince. Les manœuvres du bataillon
de Saint-Cyr ont une renommée que les
élèves ont su maintenir dans cette circonstance. La formation en colonnes, les dé-
ploiements, les carrés, la marche en bataille, baïonnette croisée, les feux rapides
du fusil Chassepot, tout a été remarquable

de régularité et d'entrain. De fantassins devenus tout à coup artilleurs, les élèves ont exécuté avec assez de justesse le tir des mortiers, des obusiers et du canon de campagne.

C'était le tour de la cavalerie. Déjà le brillant escadron s'était fait remarquer dans son défilé au trot et dans une marche en bataille au galop devant le Prince. Les manœuvres du carrousel, le franchissement hardi d'obstacles multipliés ont prouvé que, sous la direction de leurs habiles écuyers, l'instruction des élèves en équitation ne le cède pas à celle de l'infanterie.

Après ces exercices, qui avaient été pour lui aussi instructifs qu'agréables, le Prince impérial a revu les élèves à leur gymnase et dans leurs salles d'étude. Le général de Gondrecourt l'a conduit de là aux dortoirs, aux amphithéâtres, aux salles de modèles et aux salles d'escrime.

L'heure du départ étant venue, les élèves ont accompagné Son Altesse Impériale jusqu'à sa voiture, et l'ont saluée encore une fois de leurs acclamations.

Le Prince, profondément touché de l'accueil sympathique qu'il avait reçu, leur a exprimé ses remerciements et a dit au général de Gondrecourt combien il avait été heureux de faire connaissance intime avec l'Ecole.

Sur sa demande, une sortie générale a été accordée pour le dimanche suivant aux élèves.

Au départ du Prince, le peloton à cheval qui était allé à sa rencontre l'a escorté jusqu'auprès de Versailles.

LE PRINCE NAPOLÉON

Napoléon-Joseph-Charles-Paul Bonaparte est né le 9 septembre 1822, à Trieste, en Illyrie ; ce prince est le second fils du roi de Westphalie, Jérôme Bonaparte, et de la princesse Frédérique de Wurtemberg.

Victime de l'édit de proscription qui pesait sur toute sa famille, le prince Napoléon se trouvait à Rome, auprès de son aïeule, madame Lætitia Bonaparte, mère de Napoléon, quand éclata l'insurrection des Romagnes. Compromis par la participation à ces événements des deux fils de Louis Bonaparte, ex-roi de Hollande, il dut se réfugier à Florence en 1831.

Vers 1835, il vint habiter la Suisse pendant deux années, au bout desquelles il entra à l'école militaire de Louisbourg (Wurtemberg); c'est là que le prince termina son éducation.

Le prince Napoléon ne voulut pas servir dans une armée qui n'était pas celle de la France; il ne prit pas le grade auquel il avait droit. Déplorant amèrement l'inaction à laquelle le condamnait son exil, il se mit à voyager. Pendant cinq ans, il parcourut l'Angleterre, l'Allemagne et l'Espagne, où il fit un long séjour, sous la régence d'Espartero.

Le désir de vivre dans sa patrie lui fit faire, auprès du gouvernement de Louis-Philippe, plusieurs démarches qui demeurèrent infructueuses. Enfin, en 1845, le ministère Guizot se montra moins intraitables : le prince obtint l'autorisation de venir visiter Paris, sous le nom de comte de Meudon.

Quatre mois s'étaient à peine écoulés quand le prince reçut l'ordre de quitter la France : ses opinions avancées, et les relations qu'il avait nouées avec le parti démocratique, causaient de l'inquiétude au gouvernement ; on craignait d'avoir à lutter contre l'influence qu'il venait de conquérir en quelques jours par l'élévation de son esprit et la générosité de ses sentiments.

Le nouvel exil du prince Napoléon ne fut pas cependant de longue durée : en 1847, le roi Jérôme ayant adressé une pétition à la Chambre des députés, sa demande fut accueillie, et il obtint, ainsi que son fils, l'autorisation de rentrer en France.

Cette autorisation n'avait été délivrée qu'à titre provisoire ; bientôt la révolution de février se chargea de la rendre définitive. La famille d'Orléans, exilée à son tour, faisait place aux membres de la famille Bonaparte : juste retour des choses d'ici-bas.

Dès le premier jour de la révolution, le prince Napoléon développa une activité extraordinaire : il se rendit à l'hôtel de ville et se mit à la disposition du gouvernement provisoire, en déclarant que « le devoir de tout bon citoyen était de se réunir à la République. » Puis il se porta candidat à l'Assemblée constituante.

Dans la profession de foi qu'il adressa aux électeurs de la Corse, le prince Napoléon se montra tel qu'il avait été toute sa vie, animé des sentiments les plus libéraux : 39,229 suffrages lui prouvèrent qu'il avait la confiance et les sympathies des électeurs.

Appelé à siéger à l'Assemblée constituante, il se signala par la modération et la sagesse de ses votes ; c'est ainsi qu'on le vit appuyer la loi qui établissait l'impôt proportionnel, la création des deux chambres, l'institution de la présidence, l'expédition d'Italie pour rétablir le pouvoir du Saint-Père, la proposition Rateau, demandant l'élection d'une Assemblée législative, le maintien de la peine de mort en matière criminelle, etc. Enfin, il montra qu'il était inaccessible aux rancunes personnelles en votant contre le bannissement de la famille d'Orléans.

Nommé ministre plénipotentiaire à Madrid le 10 février 1849, le prince Napoléon fut révoqué peu de temps après pour avoir quitté son poste sans autorisation régulière. Cet acte de justice, un peu sévère, ne lui

aliéna pas la confiance de ses électeurs. Il
fut appelé de nouveau à représenter la Corse
à l'Assemblée législative.

Après le coup d'Etat du 2 décembre 1851,
le prince Napoléon rentra dans la vie privée ; mais sa retraite ne fut pas de longue
durée. Lors du rétablissement de l'Empire,
il fut appelé éventuellement à succéder à
son cousin : un sénatus-consulte du 23 décembre 1852, lui conféra le titre de *prince
français*, qui lui donnait place de droit au
Sénat et au Conseil d'Etat ; en même temps,
il recevait les insignes de grand-croix de la
Légion d'honneur et le grade de général
de division.

Lorsque éclata la guerre de Crimée, le
prince Napoléon demanda à partager les
périls de l'armée. Appelé au commandement d'une division, il s'embarqua à Marseille le 10 avril 1854 ; mais le mauvais état
de sa santé ne lui permit pas de séjourner
longtemps en Crimée. Après avoir assisté
aux batailles de l'Alma et d'Inkermann, il
fut rappelé en France et nommé président
de la Commission impériale de l'Exposition
universelle.

Le prince a consigné ses impressions personnelles dans un livre intitulé : *Visite du prince Napoléon à l'Exposition universelle.*

En 1857, il entreprit un long voyage dans les mers du Nord, à bord de *la Reine-Hortense.* Le récit de cette excursion a été fait par M. Charles-Edmond.

Quand l'Empereur créa le ministère de l'Algérie et des colonies, il en confia la direction à son cousin. Le prince remplit ces fonctions élevées avec une grande intelligence.

Le 30 janvier 1859, le prince Napoléon épousa la princesse Clotilde-Marie-Thérèse de Savoie, fille du roi Victor-Emmanuel. La cause première de cette alliance fut toute politique. On y vit le signe d'une union plus étroite entre la France et le Piémont, et le prélude de la guerre de l'indépendance italienne.

A quelque temps de là s'ouvrait la campagne contre l'Autriche. Le prince Napoléon reçut le commandement d'un corps d'armée, et vint prendre ses quartiers à Livourne, pour protéger la Toscane. Après la conclusion de la paix de Villafranca (12 juillet 1859), le prince rentra en France.

Pendant les années qui suivirent, le prince Napoléon prononça devant le Sénat plusieurs discours où il se révèle comme orateur de premier ordre. On n'a pas oublié avec quelle énergie il combattit le pouvoir temporel du pape. Le prince formula son opinion en termes un peu vifs, sans souci de la réserve diplomatique que lui commandait peut-être sa haute position dans l'Etat.

Le gouvernement ne voulut pas assumer devant l'Europe la responsabilité d'une politique qui n'était pas complétement la sienne. L'Empereur adressa au fougueux orateur une lettre officielle où, tout en le félicitant de son éloquence, il déclarait ne pas accepter la solidarité de ses doctrines politiques.

Un autre discours du prince Napoléon a eu un grand retentissement dans notre pays, c'est celui qu'il prononça à Ajaccio, au mois de mai 1865, à l'occasion de l'inauguration de la statue de Napoléon Ier.

L'Empereur était alors en Algérie ; il

écrivit et fit insérer au *Moniteur* une lettre dans laquelle les tendances du prince étaient blâmées.

Rappelé à l'ordre par le chef de l'État, le prince Napoléon crut devoir se démettre de toutes ses hautes fonctions : il était alors membre et vice-président du conseil privé, et président de la commission de l'Exposition universelle de 1867.

Ces discussions politiques n'ont pas altéré les rapports d'amitié qui existent entre l'Empereur et le premier prince du sang. Napoléon III apprécie hautement le mérite de son cousin et il a souvent recours à ses conseils.

Quoique éloigné, en apparence, des affaires publiques, le prince Napoléon est un des hommes les plus nécessaires à la France. Son rang et la légitime influence qu'il a su acquérir lui permettent de faire entendre une voix franchement libérale dans les conseils du gouvernement. Il ne fait, du reste, qu'appuyer les tendances bien connues de l'auguste réformateur du 19 janvier.

Le prince Napoléon est certainement appelé à jouer un grand rôle dans l'avenir.

Son passé nous est garant qu'il saura le remplir pour le plus grand bien des intérêts de la France et de la dynastie impériale.

Avant de terminer cette notice biographique, nous devons signaler le grand amour du prince pour les voyages. Sur *le Jérôme-Napoléon*, yacht à vapeur qu'il a fait construire, il est allé plusieurs fois en Angleterre, en Corse, en Algérie, en Italie et même en Amérique.

Il fit ce dernier voyage, en 1861, avec la princesse Clotilde, sa femme. Après avoir parcouru incognito une grande partie des États-Unis, le prince visita Washington, où il fut reçu par le président Lincoln et son ministre M. Seward. La guerre de sécession était alors dans toute sa force; le prince se rendit sur le théâtre des événements, et il reçut successivement le meilleur accueil dans les deux camps ennemis.

Rappelons aussi qu'à la suite d'un voyage à Suez, le prince Napoléon a défendu chaleureusement dans un discours solennel l'entreprise du percement de l'isthme. La réussite de ce gigantesque travail, qui sera terminé dans quelques jours, donne pleine raison à la cause que son patriotisme éclairé lui avait fait soutenir si hautement.

Le prince Napoléon réside dans les domaines de la couronne : le Palais-Royal et le château de Meudon lui ont été dévolus au commencement de l'Empire ; en qualité de prince français, il est pourvu d'une maison militaire et d'une liste civile.

De son mariage avec la princesse Clotilde, il a eu trois enfants jusqu'à ce jour :

Napoléon-Victor-Jérôme-Frédéric, né le 18 juillet 1862 ;

Napoléon-Louis-Joseph-Jérôme, né le 17 juillet 1864 ;

Marie-Lætitia-Eugénie-Catherine-Adélaïde, née le 20 décembre 1866.

LA PRINCESSE MATHILDE

Mathilde-Lætitia-Wilhelmine Bonaparte est née à Trieste, le 27 mai 1820 ; elle est fille du roi Jérôme et de la princesse Frédérique de Wurtemberg.

La princesse Mathilde a porté dans son enfance le titre de comtesse de Montfort, que le roi de Wurtemberg avait donné à son père, après les événements de 1815. Elle se maria à Florence, le 10 octobre 1841, avec le prince Anatole Demidoff de San-Donato. A défaut de dot, la jeune princesse apportait à son époux une alliance à la mode de Bretagne avec le gendre de l'empereur de Russie, et, ce qui valait mieux, l'éclat de son grand nom.

La princesse Mathilde avait fait stipuler

sur son contrat de mariage que ses enfants seraient élevés dans la religion catholique. apostolique et romaine. Cette clause déplut au czar, qui tint longtemps en disgrâce le prince Demidoff; la stérilité du mariage la rendit, du reste, inutile.

Une grande mésintelligence exista bientôt entre les deux époux, sans doute parce qu'ils n'avaient pas d'enfants : d'un commun accord ils firent prononcer, en 1845, la séparation de corps et de biens. Le czar obligea le prince Demidoff à payer à sa femme une pension annuelle de 200,000 roubles.

La princesse Mathilde vint alors habiter la France; son grand nom la fit immédiatement rechercher dans les plus grandes maisons de Paris; elle y brilla autant par le charme de son esprit que par l'élévation de son rang.

Quand le prince Louis-Napoléon Bonaparte eut été appelé à la présidence, ce fut la princesse Mathilde, sa cousine, qui fit les honneurs du palais de l'Élysée.

Après la proclamation de l'Empire, la princesse Mathilde, réintégrée dans ses droits de princesse française, reçut le titre d'Altesse Impériale, avec une petite cour d'honneur et une liste civile.

La princesse Mathilde s'est faite la protectrice des arts, et elle les cultive elle-même avec beaucoup de talent. Quelques-unes de ses œuvres, des aquarelles principalement, ont figuré au Salon : le jury lui a décerné plusieurs récompenses.

Tous ceux qui ont eu l'honneur d'être invités aux réunions de l'hôtel de la rue de Courcelles, ou du château de Saint-Gratien, ne tarissent pas en éloges sur le compte de la princesse : la simplicité et l'affabilité de ses manières lui ont conquis les plus vives sympathies. Dans le monde distingué qui l'entoure, la princesse Mathilde s'efforce de faire oublier son rang ; elle n'ignore pas que ses éminentes qualités de femme et d'artiste lui donnent droit à tous les hommages.

La popularité de la princesse Mathilde s'étend aux classes inférieures de la société ; les malheureux unissent son nom à celui de l'Impératrice dans les élans de leur reconnaissance.

LA PRINCESSE BACCIOCHI

La princesse Bacciochi, que la mort a enlevée dans les premiers jours de cette année, naquit le 3 juin 1806, en Italie. Elle était fille d'une sœur de Napoléon, Élisa Bonaparte, et de Félix Bacciochi, prince de Lucques.

La jeune princesse fut élevée à la cour de l'Empereur; elle épousa, en 1825, le comte Camerata, un des plus riches propriétaires de la Marche d'Ancône, et vécut longtemps dans ses domaines de l'Illyrie.

La princesse Bacciochi était une femme d'un esprit élevé, et on peut avec vérité lui appliquer le jugement que M. Wouters, l'historien de la famille Napoléon, a porté sur sa mère, la princesse Marianne-Élisa Bonaparte : « Son esprit juste et opiniâtre, son énergie à toute épreuve, son caractère vif, impétueux, et ses connaissances l'avaient placée au-dessus de son sexe, au-dessus même de bien des hommes supérieurs. »

Ce tempérament viril, d'une trempe vigoureuse, se révéla par un acte mémorable après les événements de 1830. La princesse, qui avait gardé comme un culte sa foi en la dynastie napoléonienne, tenta d'enlever le duc de Reichstadt à sa captivité de Schœnbrunn, et de venir avec lui restaurer en France le trône de Napoléon.

Les deux fugitifs n'allèrent pas plus loin que les portes du palais; à ceux qui les arrêtèrent l'énergique princesse répondit, en désignant le duc de Reichstadt : « Voilà mon souverain; je suis sa cousine. »

Dans le courant de 1853, un horrible événement vint empoisonner les jours de la princesse Bacciochi; son fils unique, le comte Napoléon Camerata se suicida dans un accès de délire.

Après le rétablissement de l'Empire, la princesse avait entrepris de servir la cause de la dynastie impériale, en rendant au pays des services signalés. C'est dans ce dessein qu'elle s'était retirée à Korn-er-Houët, à vingt kilomètres de Vannes, dans le Morbihan ; elle a montré dans cette solitude tout le parti que l'on pourrait tirer des landes de la Bretagne.

La princesse a essayé de vulgariser dans un pays de petite culture les méthodes perfectionnées de la science. Elle a défriché des landes arides, enseigné l'engrais du bétail, et montré ce qu'on peut obtenir de la culture en grand ; aucun obstacle ne résistait devant son énergie et son désir de bien faire.

Les obsèques de la cousine de l'Empereur ont eu lieu le 9 février 1869, au domaine de Korn-er-Houët, avec une pompe digne d'elle.

Dès le 9, au matin, le chemin de fer avait amené six voitures de la cour et quatorze chevaux conduits par des valets, en deuil, à la livrée impériale.

Le prince Murat, le maréchal Vaillant et

le général Fleury étaient venus de Paris pour assister à cette cérémonie funèbre, ainsi que les autorités civiles et militaires du département.

C'est l'évêque de Rennes qui a officié. Le corps a été enseveli dans un caveau construit depuis quelques années par les soins de la princesse, qui sentait sa fin prochaine et l'envisageait sans effroi.

Une foule considérable des campagnes voisines a conduit la princesse Bacciochi jusqu'à sa dernière demeure. Les Bretons considéraient avec un regret superstitieux cette digne sœur de Napoléon, dont le visage rappelait d'une façon merveilleuse les traits du grand homme (1). Ils ont rendu pleine justice à cette princesse aux mâles vertus qui préférait aux honneurs de la cour, les landes et les bruyères de la Bretagne, et qui aimait comme eux, l'action, le travail et le devoir.

---

(1) L'*Illustration* a publié un magnifique portrait de la princesse Bacciochi dans son numéro du 20 février 1869. Nous avons emprunté à cet excellent journal une partie des détails biographiques que l'on vient de lire.

CHARLES-LUCIEN BONAPARTE

PRINCE DE CANINO.

Ce prince naquit à Paris, le 24 mai 1803, de Lucien Bonaparte, prince de Canino, et d'Alexandrine de Bleschamps, que le frère de Napoléon avait épousée, après la mort de Christine Boyer, sa première femme.

Il suivit son père à Rome, et, plus tard, alla le retrouver en Angleterre où le prince de Canino était détenu par suite de circonstances que nous avons racontées.

Charles Bonaparte montra tout enfant des dispositions extraordinaires pour les sciences naturelles; il commença ses premières excursions de botanique dans les campagnes de Worcester.

Après les événements de 1815, Lucien revient se fixer en Italie, et, comme l'on sait déjà, le saint-père, à qui il avait su inspirer une vive affection, lui céda la principauté de Canino, en lui conférant le nom et les terres de ce magnifique domaine. C'est là que le prince Charles compléta des études qui devaient lui acquérir la haute estime du monde savant et une renommée universelle.

Le 28 juin 1822, il épousa, à Bruxelles, sa cousine, Zénaïde-Charlotte-Julie Bonaparte, fille aînée du roi Joseph, qui, depuis longtemps, s'était retiré en Amérique sous le nom de comte de Survilliers; les deux jeunes époux s'embarquèrent aussitôt après leur mariage pour le rejoindre aux États-Unis.

Là, le prince Charles publia plusieurs ouvrages qui lui firent le plus grand honneur, entre autres l'*Ornithologie*, les *Genres des Oiseaux* et la *Synopsie des Espèces*. Les plus grands naturalistes de l'Europe adoptaient déjà ses plans et ses classifications scientifiques, ce qui lui valut d'être nommé membre de la Société Linnéenne et de la Société de Zoologie de Londres.

De retour à Rome, en 1828, avec une des plus riches collections d'anatomie naturelle qu'il y eût à cette époque, il continua la publication de son Ornithologie d'Amérique, et fit paraître ses *Observations sur sa seconde édition du règne animal de Cuvier.*

Dix ans plus tard, il donnait la *Faune Italienne,* livre admirable qui, à lui seul, suffirait à la gloire d'un savant. A la suite de cette publication, qui eut un immense succès, le prince Charles vint en France, où il reçut l'accueil le plus sympathique du roi Louis-Philippe, et de tous les hommes de science qui s'étaient empressés de venir lui rendre visite.

De 1830 à 1842, le prince Charles institua en Italie une série de congrès scientifiques qui furent très-utiles au développement des études dans la péninsule, et dont les travaux eurent un grand retentissement dans toute l'Europe savante.

Le 29 mai 1840, il avait eu la douleur de recevoir le dernier soupir de son père; c'est alors qu'il réunit le nom de prince de Canino à celui de Musignano, qu'il avait porté jusque-là.

Le prince Charles était universellement estimé, autant à cause de la philanthropie de son caractère que de sa grande valeur personnelle. Les populations italiennes lui étaient reconnaissantes de tout ce qu'il faisait pour le bien public. Le roi Charles-Albert et la cour de Turin lui témoignaient une affection pleine de déférence.

C'est grâce à son influence, que son oncle et beau-père, le roi Joseph, obtint de rentrer en Italie et d'y fixer sa résidence.

Le prince de Canino fut appelé, en 1841, au congrès de Lyon, et il y reçut une véritable ovation, qui s'adressait autant à sa personne qu'à la cause politique de sa famille. L'Académie des Sciences l'admit au nombre de ses membres correspondants.

« Le prince de Canino portait si bien alors un si grand nom, dit M. Jules Pautet, que notre Geoffroy Saint-Hilaire l'appelait : *Une autre face du génie de l'Empereur.* »

Nous empruntons au *Dictionnire de la Conversation* le récit des événements qui vont suivre.

Dès 1847, la scène change : ayant, cette année même, mêlé quelques allusions politiques à un discours qu'il prononça au con-

grès des savants italiens rénnis à Venise,
le prince fut expulsé de cette ville par ordre
du gouvernement autrichien, et dut retour-
ner immédiatement à Rome.

En sa qualité de libéral, il fut, au commencement de l'agitation révolutionnaire,
l'un des admirateurs du pape Pie IX. Il
revêtit l'uniforme de la garde nationale
pontificale, se mêla aux manifestations populaires, entreprit des voyages en faveur
de la propagande avec son secrétaire Masi,
et enfin se vit rayé du contrôle de la garde
civique pour avoir rêvé, dit-on, l'émanci-
pation de l'Italie.

Plus tard, il tourna tout à fait au radica-
lisme, et, à l'orageuse journée du 16 novembre 1848, où le pape fut forcé d'accepter un ministère radical, le prince de Canino
devint, avec Sterbini, Cernuschi, etc., l'un
des chefs du parti républicain.

Au commencement de l'année 1849, il
fut élu député à la constituante romaine,
laquelle le choisit à diverses reprises pour
vice-président. Son fils aîné, Joseph, prince
de Musignano, qui désapprouvait hautement ses opinions politiques, échappa heu-

reusement le 10 février 1850, à Rome, à un attentat dirigé contre sa personne.

Après l'entrée des troupes françaises à Rome, le prince de Canino se réfugia en France ; la mort est venue le surprendre le 29 juillet 1857, au milieu des travaux scientifiques qu'il avait repris avec une ardeur nouvelle, comprenant que sa valeur de savant suffisait à sa gloire.

Le prince de Canino a laissé deux enfants qui portent avec éclat le nom de leur père :

Joseph - Lucien - Charles Napoléon, né à Philadelphie, le 13 février 1824. C'est ce prince qui est devenu le chef de cette branche de la famille Bonaparte. Après le rétablissement de l'Empire, il a reçu le titre d'Altesse impériale et de prince ayant rang à la cour.

Lucien - Louis - Joseph Napoléon, né à Rome le 15 novembre 1828. Ce prince est entré dans les ordres en 1863 ; il a été créé cardinal romain dans le courant de 1868. Prélat remarquable par son instruction et sa piété extraordinaire, on le croit appelé aux plus hautes destinées.

LOUIS-LUCIEN BONAPARTE

PRINCE DE LA FAMILLE IMPÉRIALE.

Ce prince est le second fils de Lucien, frère de Napoléon Ier. Il naquit à Mongroke en Angleterre, le 4 janvier 1813.

Victime, comme tous les autres membres de sa famille, de l'arrêt de proscription qui avait été décrété en 1815, il rentra en France dès que lui parvint la nouvelle de la révolution de février. Peu de temps après, les électeurs de la Corse l'envoyèrent à la Chambre.

Son élection ayant été annulée le 9 janvier 1849, il ne tarda pas à être choisi par l'*Union électorale* à Paris, qui appuya vigou-reusement sa candidature et la fit triompher dans le département de la Seine.

A l'Assemblée législative, le prince Louis-Lucien vota constamment avec la droite. Il soutint, en 1851, la politique du Prince-Président, son cousin-germain.

Après le rétablissement de l'Empire, il reçut le titre d'Altesse impériale, et fut compris dans la liste des princes ayant rang à la cour.

Le prince Louis-Lucien Bonaparte siége au Sénat. Il a été promu au grade de grand-officier de la Légion d'honneur le 3 janvier 1860. Savant et philologue distingué, il a publié une *Grammaire basque*, plusieurs ouvrages sur la chimie en français et en italien. Enfin, en 1657, il a fait paraître un livre unique dans son genre : c'est la *Parabole du Sauveur* de saint Mathieu, traduite de soixante-douze langues ou dialectes européens.

PIERRE-NAPOLÉON BONAPARTE

PRINCE DE LA FAMILLE IMPÉRIALE.

Troisième fils de Lucien, le prince Pierre
est né à Rome le 12 septembre 1815. Vers
1832, il se rendit aux Etats-Unis, auprès
de son oncle le roi Joseph, puis il alla s'enrôler, dans l'armée de Colombie, sous les
ordres du général Santander, qui le nomma
chef d'escadron.

Rentré d'Italie peu de temps après, ses
opinions avancées lui valurent les persécutions du gouvernement papal : on lui intima
l'ordre de quitter les Etats de l'Eglise. Le
prince faillit alors être victime d'une troupe
de sbires : il en tua plusieurs de sa propre
main, mais il tomba au pouvoir de ses

ennemis. Après une assez longue détention au fort Saint-Ange, il obtint sa liberté, à la condition qu'il abandonnerait immédiatement le sol de l'Italie.

Le prince vécut successivement en Amérique, en Angleterre et dans l'île de Corfou. Dans une excursion en Albanie, il fut attaqué par une troupe de Pallikares; presque seul, il tint vaillamment tête à cette bande de malfaiteurs, et la dispersa après un combat acharné.

Rentré à Londres, le prince Pierre offrit vainement ses services au gouvernement français; il tenta alors de s'enrôler dans les troupes du vice-roi d'Egypte, Méhémet-Ali; mais il ne fut pas accepté, à cause du grand nom qu'il portait et qui aurait pu créer des complications politiques.

En 1848, il se hâta d'accourir à Paris: le gouvernement provisoire lui conféra le grade de chef de bataillon, au titre étranger. Bientôt les électeurs de la Loire l'envoyèrent à l'Assemblée constituante, qui le nomma membre du comité de la guerre.

Le prince vota successivement pour l'adoption des mesures les plus libérales : le droit au travail, l'impôt proportionnel, le Crédit foncier, la suppression complète de l'impôt du sel et l'amnistie des transportés politiques. Il fit preuve aux journées de juin de ce bouillant courage qu'il avait montré dans toutes les circonstances critiques de sa vie. Sous la présidence, tout en n'approuvant pas toujours la politique du Président, il lui prêta son appui dans toutes les questions relatives à la personne même de son cousin.

Il fut réélu à l'Assemblée législative par deux départements : la Loire et l'Ardèche.

Après le coup d'Etat du 2 décembre, le prince Pierre rentra dans la vie privée, mais ce fut pour peu de temps. Au rétablissement de l'Empire, il fut investi des mêmes honneurs que son frère Louis-Lucien.

Le prince Pierre passe une partie de l'année en Corse, et l'autre dans une propriété qu'il possède à Auteuil. Peu désireux de briller, simple comme l'était son illustre père, il se repose des agitations de sa vie dans la culture des belles-lettres : on lui doit plusieurs traductions remarquables en vers français de tragédies italiennes.

LUCIEN MURAT

PRINCE DE LA FAMILLE IMPÉRIALE

Napoléon-Lucien-Charles Murat, second fils de Joachim Murat, alors général, et de Caroline Bonaparte, sœur de Napoléon Ier, est né à Milan, le 16 mai 1803.

Il fut élevé à Naples, dont son père occupa le trône à partir de 1808. Après les événements tragiques de 1815, que nous avons racontés, il se retira avec sa mère aux environs de Trieste, puis à Venise.

En 1824, Lucien Murat voulut aller rejoindre aux Etats-Unis son oncle Joseph

Bonaparte et son frère aîné Achille ; mais le vaisseau qui le portait ayant fait naufrage sur les côtes d'Espagne, il fut conduit en prison et ne recouvra sa liberté qu'après de grandes difficultés.

Aux Etats-Unis, Lucien Murat épousa miss Carolina Fraser en 1827. Les opérations commerciales qu'il entreprit ne réussirent pas, et bientôt il fut réduit à une situation si précaire, que sa jeune femme dut tenir un pensionnat de demoiselles.

Lucien Murat vint en France à deux reprises différentes, en 1839 et en 1844 ; mais le gouvernement ne lui permit pas d'y séjourner.

La nouvelle de la révolution de février lui parvint aux Etats-Unis ; il s'embarqua aussitôt pour la France, et vint poser, dans le département du Lot, sa candidature à la Constituante. Le département, qui a l'honneur d'avoir vu naître le vaillant Murat, ne pouvait que bien accueillir l'héritier de ce nom glorieux : 45,000 de ses concitoyens l'élurent représentant.

Membre du comité des affaires étrangères, il vota presque constamment avec la droite et servit avec ardeur la politique de son cousin, le président de la République. Réélu par le Lot et la Seine à l'Assemblée législative, il fut nommé, le 3 octobre 1849, ministre plénipotentiaire à Turin.

L'année suivante, la 2ᵉ légion de la garde nationale de la banlieue de Paris le choisit pour colonel.

Devenu sénateur après le coup d'Etat du 2 décembre, Lucien Murat fut bientôt élevé au rang de prince de la famille impériale, avec les titres de Monseigneur et d'Altesse.

Depuis cette époque, le prince Murat, cédant aux instances de ses partisans, a plusieurs fois mis en avant ses prétentions au trône de Naples; le gouvernement français se vit même forcé de le désavouer officiellement (21 mai 1861), mais en même temps le *Moniteur* ajoutait que l'Empereur ne retirait pas pour cela au prince son amitié.

Le prince Murat a eu cinq enfants de son mariage avec miss Fraser :

Caroline, née en 1830, et mariée en 1866 au baron de Chassiron;

Joseph-Joachim Napoléon Murat, né en

1831, colonel de cavalerie dans l'armée française;

Achille, né en 1835; marié depuis deux ans à la princesse de Mingrélie;

Anna, né en 1838; cette princesse est l'amie et la compagne fidèle de l'Impératrice, dont elle s'efforce d'imiter le généreux dévouement à toutes les infortunes. Convertie du protestantisme au catholicisme par l'abbé Deguerry, elle a épousé, en 1868, le duc de Mouchy, héritier d'un grand nom français et député au Corps législatif depuis les dernières élections.

TABLE DES MATIÈRES

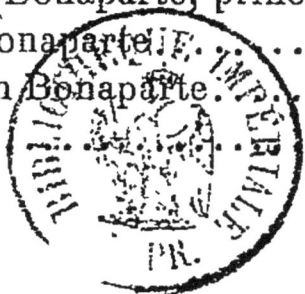